MÉMOIRE

POUR LES

HÉRITIERS PICHAT,

APPELANS,

CONTRE LE SIEUR THIBAULT,

ancien notaire,

TANT EN SA QUALITÉ DE TUTEUR DU MINEUR

LÉON LAURENT,

se disant légataire universel d'Étienne **PICHAT**,

QU'EN SON NOM PERSONNEL,

SE DISANT LÉGATAIRE PARTICULIER DUDIT PICHAT.

BATIGNOLLES-MONCEAUX. — IMPRIMERIE D'AUGUSTE DESREZ,
RUE LEMERCIER, 24.

MÉMOIRE

POUR

LES HÉRITIERS PICHAT,

CONTRE

UR THIBAULT,

NCIEN NOTAIRE.

—————

Étienne Pichat, propriétaire d'une fortune d'au moins quinze cent mille francs et membre d'une famille nombreuse, dont plusieurs branches sont dans une situation peu prospère, a laissé en mourant des dispositions testamentaires qui transmettent la totalité de cette fortune à un enfant étranger.

Si ces dispositions ont eu pour cause de graves motifs de mécontentement à l'égard de sa famille, corroborés par une affection profonde et raisonnée envers l'enfant qui lui est préféré, elles doivent être maintenues comme le juste exercice d'une faculté concédée par la loi. Mais si au contraire la haine de Pichat pour sa famille n'a pris naissance que dans les visions d'un e prit faible qui portait la terreur jusqu'au délire et le soupçon jusqu'à la démence; si, loin d'avoir eu

BATIGNOLLES-MONCEAUX. — IMPRIMERIE D'AUGUSTE DESREZ,
RUE LEMERCIER, 24.

MÉMOIRE

POUR

LES HÉRITIERS PICHAT,

CONTRE

LE SIEUR THIBAULT,

ANCIEN NOTAIRE.

Étienne Pichat, propriétaire d'une fortune d'au moins quinze cent mille francs et membre d'une famille nombreuse, dont plusieurs branches sont dans une situation peu prospère, a laissé en mourant des dispositions testamentaires qui transmettent la totalité de cette fortune à un enfant étranger.

Si ces dispositions ont eu pour cause de graves motifs de mécontentement à l'égard de sa famille, corroborés par une affection profonde et raisonnée envers l'enfant qui lui est préféré, elles doivent être maintenues comme le juste exercice d'une faculté concédée par la loi. Mais si au contraire la haine de Pichat pour sa famille n'a pris naissance que dans les visions d'un esprit faible qui portait la terreur jusqu'au délire et le soupçon jusqu'à la démence ; si, loin d'avoir eu la pensée arrêtée de léguer toute sa fortune à cet enfant, il a, depuis sa naissance, contracté un double mariage dans l'espoir de se donner d'autres héritiers; si ses actes de dernière volonté ont été accompagnés de circonstances qui prouvent qu'il n'a cherché en testant qu'un refuge contre le poison et le poignard, dont une déplorable monomanie lui montrait ses collatéraux toujours armés contre sa vie, alors les dispositions testamentaires d'Étienne Pichat devront être annulées, non pas seulement comme spoliatrices à l'égard de sa famille, mais encore comme attentatoires à l'honneur de cette famille, puisqu'on ne peut les maintenir sans donner pour ainsi dire un corps aux folles visions qui les ont déterminées.

Pour faire connaître aux magistrats l'état mental d'Étienne Pichat, pour les mettre en même temps à portée d'apprécier ses griefs envers sa famille, nous serons obligés de tracer un court historique de sa vie : c'est un besoin de notre cause, nous ne pouvons nous y soustraire. Nous n'accusons pas, nous nous justifions.

Mais, avant d'entrer dans ce récit, nous avons hâte de confondre les assertions calomnieuses répandues à profusion dans le Mémoire de nos adversaires à l'égard de Nicolas Pichat, l'un des demandeurs en nullité des dispositions testamentaires de son oncle.

« *Trois mauvais sujets de la famille, étroitement liés entre eux,* dit audacieusement ce Mémoire, *étaient de caractère à justifier jusqu'à un certain point l'effroi d'Étienne Pichat. Les trois neveux que le défunt a considérés comme dangereux étaient Nicolas Pichat, Michel Puzin et Gonnet.* »

Nous n'avons nullement l'intention d'accuser ici la mémoire de Michel Puzin et de Gonnet. Tombés l'un et l'autre dans le dénûment, leurs torts ont été ceux du malheur et de la faiblesse; vis-à-vis d'Étienne Pichat, ces torts, dont nous ferons plus tard un examen détaillé, se sont bornés à jouer le rôle de solliciteurs importuns, et si, pour caresser la haine insensée de cet oncle, Michel Puzin a payé par des calomnies les secours qu'il recevait de Nicolas Pichat, celui-ci le lui pardonne. Mais en même temps il déclare ici (et il porte à ses adversaires le défi de prouver le contraire) qu'il n'a jamais eu ni avec Michel Puzin ni avec Gonnet d'autres rapports que ceux qu'un devoir sacré prescrit de maintenir entre le parent aisé et le parent pauvre, c'est-à-dire qu'autant qu'il l'a pu il a obtempéré à leurs demandes. Il déclare en outre, et il va le prouver, qu'il n'a jamais eu le même motif qu'eux de faillir ni la même excuse de ses fautes.

A peine âgé de dix-huit ans, Nicolas Pichat, s'étant livré, en société avec son père, au commerce des grains, a fait dans ce commerce des bénéfices importans. Dix ans après, en 1809, il passa en Espagne, où il exécuta des fournitures considérables pour le service de nos armées. En 1812 il envoyait d'Espagne à son oncle Jean Pichat, négociant à Vienne (et nous verrons plus tard qu'il en a fait preuve), une somme de 72,488 francs. En même temps plus de 100,000 francs sur le trésor et autres valeurs étaient envoyés, à Paris, à son oncle Étienne Pichat. Aussi, à son retour d'Espagne, à la fin de 1812, muni d'un porte-feuille également bien garni, fut-il reçu à bras ouverts par cet oncle, qui lui donna le surnom de BRAVE CASTILLAN. Aux fournitures de l'armée d'Espagne succédèrent, en 1813, des fournitures de liquides dans les places fortes de Hollande et, en 1814, des fournitures de draps pour la garde impériale, ces dernières liquidées à 143,500 francs et toutes productives d'heureux résultats pour sa fortune, ce qui faisait dire alors à Étienne Pichat : « Voilà de tous mes parens celui que j'aime le plus, parce qu'il a la bosse des grandes affaires. » Ajoutons à ce motif que toutes les fois que Nicolas Pichat venait dîner chez son oncle, il arrivait les mains pleines de comestibles et de liquides fort bien reçus par l'amphitryon.

En 1817 Nicolas Pichat concourut à Paris pour une entreprise qui exigeait le dépôt préalable d'un cautionnement de deux millions, réa-lisable en vingt-quatre heures. Le cautionnement fut déposé, au nom de Nicolas Pichat, chez M. Guillaume, notaire à Paris. Étienne Pichat, émerveillé d'une pareille confiance accordée à son neveu, le pressa de prendre domicile à la Rotonde, sous prétexte que sa réputation de grand propriétaire ajouterait au crédit de Nicolas Pichat, mais, dans le fait, pour satisfaire sa vanité et pouvoir dire qu'il avait fortement contribué au cautionnement de deux millions. A l'appui de cette assertion nous pouvons produire les lettres de M. de Chabrol, alors préfet de la Seine, adressées à *M. Nicolas Pichat fils aîné, à la Rotonde du Temple.*

En janvier 1819, Nicolas Pichat se rendit à Londres pour tenter une affaire qui ne put se réaliser. Pendant ce voyage il envoya à son oncle 2,000 francs de traites sur Paris, en le priant de faire payer pour lui pareille somme à Lyon. Étienne Pichat, dans une réponse fort aimable, disait à son neveu qu'il aurait bien pu se dispenser de lui envoyer des traites sur Paris pour le couvrir de celles qu'il s'empressait de faire payer à Lyon. Tels étaient les rapports de l'oncle et du neveu au commencement de 1819, époque à laquelle nous serons condamnés à revenir plus d'une fois.

Continuons d'établir la position successive de Nicolas Pichat. D'octobre 1821 à octobre 1822 il eut la fourniture des fourrages de la 6e division militaire, où étaient deux mille cinq cents chevaux. Cette fourniture exigea un cautionnement de 50,000 francs et un approvisionnement de deux mois; elle s'éleva, en fin d'année, à 461,101 francs 8 centimes (1). [Voir plus bas le certificat honorable de M. l'intendant militaire Barthomeuf, l'un de nos administrateurs les plus rigides (2).] D'octobre 1822 à octobre 1823, autres fournitures de fourrages faites pour la guerre d'Espagne, à Tarascon, Nîmes, Perpignan,

---

(1) Décompte du ministre de la guerre, exercice 1822, signé par M. le vicomte De Caux, lieutenant général et directeur général de l'administration, s'élevant à 461,101 francs 8 centimes. (Paris, le 28 janvier 1824.)

(2) « Je soussigné, intendant militaire de la 6e division, déclare que M. Pichat fils aîné, entrepreneur des fourrages dans cette division depuis le 1er octobre dernier, a constamment rempli ses obligations d'une manière satisfaisante et que son service a été généralement bien établi et bien exécuté sur les divers points où il y a eu des consommations.

« Besançon, le 10 septembre 1822.

« *L'intendant militaire,* BARTHOMEUF. »

Port-Vendre, Roses et Mataro; leur montant s'élève à 1,149,658 francs 75 centimes (1).

En 1831, M. le comte de Bondy étant préfet de la Seine, Nicolas Pichat, parfaitement connu de ce magistrat, lui présenta un travail sur la nécessité d'approvisionner les magasins d'abondance de Paris. M. le préfet, reconnaissant dans ce travail une spécialité remarquable relativement au commerce des grains, s'empressa de remettre à Nicolas Pichat une autorisation pour aller examiner les blés qui étaient en magasin. [Voir plus bas cette autorisation et les billets de M. de Bondy, qui constatent d'honorables relations avec ce noble pair (2).] Après cet examen, Nicolas Pichat fit à M. le préfet un rapport dans lequel il démontrait que les blés contenus dans les magasins étaient d'une qualité très-inférieure, et il lui présenta M. Luce, son ami depuis longtemps et l'un des premiers négocians de Marseille dans cette partie,

(1) En 1823, un relevé de fournitures fait par M. le sous-intendant militaire Mayaud, qui constate la livraison de 77,170 hectolitres d'avoine et 6,840 quintaux métriques 67 kilogrammes de foin, s'élevant ensemble, avoine et foin, à la somme de 1,149,658 francs 75 centimes. Les lettres d'avis de paiement, signées de M. Joinville, caissier de l'administration de la guerre, et de M. le comte Andréossy, directeur général des subsistances, sont à l'appui.

Partant, les deux sommes réunies ensemble s'élèvent à 1,610,759 francs 83 centimes.

(2) « Le gardien de la réserve de Paris laissera entrer M. Pichat, chargé par moi d'examiner les approvisionnemens.

« Paris, le 29 mai 1831.

« *Le préfet de la Seine*, COMTE DE BONDY. »

« Si monsieur Pichat veut prendre la peine de venir demain 5 mai, soit à neuf heures, soit à midi, je le recevrai avec plaisir.

« Je le prie d'agréer l'assurance de ma considération distinguée.

« COMTE DE BONDY.

« Paris, ce 24 mai 1832. »

« Monsieur, hier je n'ai pas pu voir M. Vincent, comme je me l'étais proposé ; je le verrai ce matin, et dès que j'aurai le renseignement que vous désirez, je vous l'adresserai. Ne prenez pas la peine de venir chez moi.

« Tout à vous, COMTE DE BONDY. »

« Ce 24 septembre.   A monsieur Pichat, à Paris. »

qui prenait avec lui l'engagement de livrer à la ville trois cent mille hectolitres de grains sans exiger aucune avance. Cette fourniture pouvait se monter à six millions. Comme la ville n'avait pas fait encore son emprunt, M. le préfet parut recevoir favorablement ces offres, si avantageuses à la population de Paris. Malheureusement pour cette population, qui paya cette année le pain de deux kilogrammes 87 centimes et demi, la présentation d'une loi sur les céréales vint mettre obstacle à la conclusion de ce marché. Aujourd'hui encore Nicolas Pichat paie 1,266 francs d'impôts directs et plus de 150,000 francs d'impôts indirects à la ville de Paris, étant depuis deux ans à la tête d'une maison considérable dans le commerce des vins, sous la raison Pichat frères et compagnie. Telle a été, telle est encore la vie constamment laborieuse et la position constamment aisée de celui que nos adversaires n'ont pas craint de caractériser comme un homme aux expédiens, de celui à qui Étienne Pichat, dans son délire, a imputé des crimes qui ne sont inspirés aux plus profonds scélérats que par la misère et par le désespoir.

Après avoir établi la situation de Nicolas Pichat de manière à ce qu'on puisse à toutes les époques la confronter avec les assertions mensongères du testateur et de ceux qui ont accepté la triste mission de soutenir ses folles impostures, nous allons maintenant procéder à la solution du problème moral que la vie de celui-ci nous présente.

La faiblesse d'âme d'Étienne Pichat se révéla dès sa jeunesse. En 1793 et 1794, à peine âgé de vingt-six ans, il était officier municipal de la ville de Vienne. Trois jeunes gens de Givors, qui, renfermés dans Lyon pendant le siége, avaient porté les armes contre les légions républicaines, s'échappèrent de cette ville et retournèrent dans leur commune prendre conseil de leurs parents. Ils avaient encouru la peine de mort; leur seule ressource était de s'expatrier. Malheureusement M. Joannon, père de l'un d'eux, se rappela ses anciennes liaisons avec la famille Pichat. Il fut décidé qu'ils iraient à Vienne, afin de se procurer des passeports pour la Suisse. A peine arrivés, ils s'adressèrent à Étienne Pichat, en lui faisant connaître leur position. Celui-ci leur promit les passeports demandés et se fit indiquer leur logement, voulant, dit-il, les leur porter lui-même; mais, livré à ses réflexions, il n'eut pas la force de braver les dangers attachés à cette bonne action. Des gendarmes se présentèrent à l'auberge où étaient les jeunes fugitifs, leur demandèrent des papiers qu'ils n'avaient pas. Dans leur embarras, ils se réclamèrent de leur prétendu protecteur, qui déclara qu'il ne les connaissait pas assez pour répondre d'eux. Sur cette déclaration, ils furent traînés à Lyon, devant le tribunal révolutionnaire. Prévenus par le maître de l'auberge où ils avaient été arrêtés, MM. Joannon, Prial et Pitrat, pères des trois victimes, accoururent dans cette dernière ville; mais il était trop tard.

On sait qu'après la chute de Robespierre une réaction terrible éclata dans toute la France et surtout à Lyon contre ceux qui avaient participé aux actes du régime précédent. L'événement que nous venons de raconter attira à Vienne une vingtaine de misérables de la compagnie dite de Jésus. Étienne Pichat, poursuivi par eux à outrance, vint se réfugier chez son frère, Jean Pichat; sa maison ne tarda pas à être assaillie, et Étienne ne dut son salut qu'à une troupe de mariniers employés par Jean et Michel, ses frères, et qui vinrent, armés de leurs gaffes, repousser les assaillans. Étienne, frappé de terreur, profita de la nuit pour s'échapper et dit un éternel adieu à sa ville natale.

Il se rendit à Paris, recommandé par ses frères Jean et Michel à MM. Chabroud, avocat célèbre, et Decomberousse, représentant du peuple, tous deux de Vienne. A la recommandation de ce dernier, Étienne Pichat obtint un emploi d'inspecteur des vivres à l'armée d'Italie. Revenu à Paris en 1799, il y fit, en 1803, une opération qui fut l'origine de sa fortune, mais qui lui coûta de nouvelles tribulations dont cet esprit craintif a dû garder une vive empreinte. Voici les faits :

Des individus de Carpentras étaient venus à Paris pour encaisser un lot de 410,000 francs qu'ils avaient gagné à la loterie. Le général Carlaud, alors directeur de cette administration, refusa de payer un gain qu'il considérait comme frauduleux et menaça les porteurs de ces billets de les faire arrêter s'ils persistaient dans leurs prétentions. Ceux-ci, effrayés, se déterminèrent à transporter leurs droits à un tiers moyennant un grand sacrifice. Ils s'adressèrent à M. Lombard, leur compatriote, ami intime de Barras et de Fouché, qui promit de leur trouver un acquéreur. Cet acquéreur fut, ostensiblement du moins, Etienne Pichat; les billets furent achetés moyennant un escompte de 6o pour cent, et bientôt après, le directeur de la loterie reçut l'ordre de les payer. Mais, informés de ce résultat, les vendeurs, à l'instigation de M. Prignot, avocat, essayèrent d'attaquer la vente par la voie de lésion, et, pour intimider l'acquéreur, dénoncèrent leurs griefs à M. Sériziat (de Lyon), alors magistrat de sûreté à Paris. Ce magistrat, instruit de l'événement de Vienne et cédant mal à propos à des préoccupations politiques fit arrêter Étienne Pichat. Il fut mis au secret, où il resta trente jours, et sa détention se serait sans doute prolongée, si Jean Pichat ne se fût hâté de venir à Paris solliciter de puissans protecteurs, notamment MM. Réal et Decomberousse. Par leur intervention, Étienne Pichat fut élargi, et le magistrat qui l'avait arbitrairement incarcéré fut révoqué de ses fonctions.

Bien que l'acquisition des billets de loterie eût été faite avec les fonds et en grande partie pour le compte d'autrui, Étienne Pichat n'en retira pas moins un bénéfice considérable, au moyen duquel il acheta du général Santerre la Rotonde du Temple. Cet immeuble lui fut vendu pour le prix bien modique de 75,000 francs; mais il rapportait alors fort peu de chose. L'établissement du marché du Temple et l'accroissement progressif du prix des loyers en ont depuis porté la valeur à plus d'un million.

En 1809, une des filles de Jean Pichat s'étant mariée à M. Baudouin, manufacturier, Étienne Pichat, qui se souvenait encore des services que son frère lui avait rendus, voulut faire à sa nièce un cadeau de noce de 6,000 francs. Mais cette somme, payée seulement en 1815, a été revendiquée judiciairement en 1824, attendu qu'il était survenu un enfant au donateur; prétention légale, nous l'admettons, mais en même temps lubie étrange dans la position où était alors Étienne Pichat et à l'égard de la fille d'un frère à qui il avait de telles obligations. Cependant, sur les observations qui lui furent faites par plusieurs personnes, il voulut bien réduire sa réclamation à la moitié de la somme, mais à la condition expresse que les Baudouin paieraient tous les frais et qu'il serait fait un acte authentique dans lequel Étienne Pichat figurerait comme ayant fait le sacrifice de la somme entière. De là les pièces que nos adversaires nous opposent. Depuis la confection de ce Mémoire, M. Baudouin a envoyé des pièces qui détruiront victorieusement leurs allégations.

Jusqu'à la fin de 1813 les affaires de Jean Pichat avaient prospéré; mais à cette époque les graves événemens qui affligèrent la France jetèrent la perturbation dans le commerce, et la marche de l'ennemi vers Lyon ayant rendu les opérations de banque de plus en plus difficiles, Jean Pichat suspendit ses paiemens le 14 janvier 1814, et bientôt il fut déclaré en faillite d'une somme d'environ 400,000 francs. Il dépendait encore de lui de faire avec ses créanciers un honorable arrangement, car il leur présentait pour 200,000 francs de propriétés et beaucoup de créances; mais, troublé par son malheur, il disparut. Cette fuite, jointe à l'opinion généralement répandue que sa fortune était beaucoup plus considérable, excita quelques créanciers à prétendre que le failli avait emporté d'immenses richesses et que la faillite était frauduleuse. Ce bruit, parvenu aux oreilles de Jean Pichat, mit le comble à son désespoir : il se donna la mort, et on lui rendit alors une tardive justice.

Des créanciers irrités saisissent naturellement avec plus d'avidité que de raison tous les moyens d'ajouter aux gages de leurs prétentions. Nicolas Pichat, fils de Michel, venait de faire au gouvernement, comme nous l'avons dit, une fourniture de draps montant à 143,500 francs; la majeure partie de ces draps lui avait été vendue par son oncle Jean. De là entre l'oncle et le neveu un compte courant que Nicolas Pichat avait soldé par des envois d'argent, dont le dernier, montant à 7,000 francs, était parti de Paris le 23 décembre 1813. Rien n'était donc plus simple que la position respective de l'oncle et du neveu. Cependant les créanciers trouvèrent, en tête de leur compte courant, l'article que voici :

« Le 12 décembre 1812, remis en espèces sur son bon (de Jean Pichat), qui écherra le 30 octobre 1813, la somme de 44,651 francs. »

Cette remise parut énorme au tribunal de Vienne, à qui l'on dépeignit Nicolas Pichat comme un jeune homme de trente ans, d'ailleurs gendre et neveu du failli. Ne convenait-il pas de le mettre en prévention pour l'obliger à venir à Grenoble, devant le juge d'instruction, s'expliquer sur faits et articles? C'est ce qu'il s'empressa de faire, et là, ayant prouvé d'une manière irréfragable que dans le courant de 1812 il avait envoyé d'Espagne à Jean Pichat une somme de 72,488 francs, toutes les présomptions des créanciers tombèrent, et Nicolas Pichat, qui n'avait pas cessé d'être à la tête de ses affaires, fut mis hors de prévention à l'unanimité. Tous ces faits seront attestés au besoin par M. Couturier, avocat et député de Vienne, un des syndics de la faillite Jean Pichat. Qu'on les compare aux assertions de nos adversaires (1).

(1) Note qui justifie l'envoi de fonds d'Espagne par Nicolas Pichat à son oncle Jean Pichat (de Vienne), savoir :

Le 1er avril 1811, envoyé de Madrid un effet sur M. Rivoiron (de Lyon), montant à. . . . . 5,288 fr.

Le 20 février 1812, envoyé de Madrid deux traites payables le 19 avril sur MM. Delessert, banquiers à Paris, montant à. 9,000

Le 25 février 1812, envoyé de Madrid diverses traites, échues le 24 avril, sur MM. Mallet frères, banquiers à Paris, montant à. 10,000

Les 9 et 12 avril 1812, envoyé de Madrid diverses traites sur le trésor impérial, montant à. 19,500

Le 17 avril 1812, envoyé de Madrid quatre traites sur MM. Béhie et compagnie, banquiers à Paris, à huit jours de vue, montant à. 20,000

Le 4 septembre 1812, envoyé de Valence (Espagne) huit traites sur le trésor impérial, qui ont été encaissées dans la première quinzaine de novembre 1812, montant à. 8,000

Le 15 octobre 1812, envoyé un mandat à vue tiré par le major Jacquemard sur MM. Bodin frères, banquiers à Lyon, montant à. 700

TOTAL. . . . . 72,488 fr.

Tous ces envois de fonds furent constatés par des accusés de réception et déclarations de MM. les banquiers désignés ci-dessus. Aussi la Cour royale de Grenoble n'hésita pas un instant à rendre à l'unanimité une ordonnance de non lieu.

Pour prouver maintenant la générosité d'Étienne Pichat envers sa famille, ils affirment dans leur Mémoire qu'il fit, lors de la faillite de son frère, le sacrifice d'une somme de 14,000 francs en faveur d'un créancier protégé, et ils produisent une quittance qui semble justifier leur assertion; mais ce n'est encore ici qu'une vérité légale qui cache un mensonge, et nous allons voir la contre-partie de l'affaire Baudouin.

Il est d'abord constant qu'au commencement de 1814, Étienne Pichat n'était pas en fonds pour payer une somme de 14,000 francs. Nos adversaires sont obligés d'en convenir, puisqu'ils déclarent qu'en 1809 il devait encore 20,000 francs sur le prix de la Rotonde. Or, pendant longtemps cette propriété exigea beaucoup de réparations et produisit peu de revenus, n'ayant en général pour locataires que des gens turbulens et sans aveu, que le général Santerre avait logés là pour les avoir sous la main dans ses besoins politiques, et dont Étienne Pichat eut mille peines à se débarrasser. Il avait encore été gêné par l'acquisition d'une maison de campagne à Belleville, et ce qui achève de le prouver, c'est qu'il ne put payer qu'en 1815 le cadeau de noce de 6,000 francs qu'il avait cru devoir faire à madame Baudouin. La vérité est que les 14,000 francs furent payés des deniers de Nicolas Pichat, qui, lors de la première invasion des ennemis, avait caché à la Rotonde une somme de 30,000 francs en écus; mais Étienne Pichat persuada à son neveu qu'il convenait mieux que ce fût lui (Étienne) qui figurât dans cette transaction, à cause des efforts qu'avaient faits les créanciers pour impliquer Nicolas Pichat dans la faillite, efforts auxquels il ne fallait pas donner de nouvelle prise. Et voilà comment une quittance semble prouver aujourd'hui qu'Étienne Pichat a sacrifié 14.000 francs pour son frère, tandis qu'il ne mit aucun empressement à secourir ce frère, à qui il avait dû la vie en 1794 et la liberté en 1803! Nouveau trait qui caractérise la manie d'Étienne Pichat de passer pour généreux à peu de frais.

En voici encore un exemple : En 1816 Michel-Charles Pichat, frère de Nicolas, pria son oncle Étienne d'accepter une lettre de change de 2,500 francs, payable à deux ans de date, qu'il venait de tirer sur lui.

Étienne déclara qu'il n'accepterait point cette traite, et elle allait en effet être protestée si Nicolas Pichat n'eût levé l'obstacle en comptant immédiatement les 2,500 francs à son oncle. Mais le billet n'ayant pas été remboursé par le tireur, Nicolas Pichat eut besoin plus tard d'une déclaration que ce billet avait été payé de ses deniers, pour que son frère lui en tînt compte. Or Étienne se refusa longtemps à cet acte de justice, et en 1824 il fallut que son neveu l'assignât à comparaître en personne à la 4ᵉ chambre pour être interrogé sur faits et articles. Comme cette comparution lui eût fait jouer un singulier personnage, il se décida enfin à donner la déclaration demandée (1).

Mais peut-être le ressentiment qu'il éprouva de se voir ainsi contrarié dans sa manie de passer pour généreux est-il pour beaucoup dans son libelle daté de 1825, que nous examinerons bientôt.

Racontons d'abord le dîner du mois de juin 1819, qui en a fourni le sujet. Ce dîner fut provoqué par Clotilde, nièce d'Étienne Pichat et depuis sa femme, qui, sachant que Nicolas Pichat avait loué pour l'été une maison à Versailles et désirant beaucoup visiter cette ville, le pria d'inviter son oncle. L'invitation acceptée et le jour fixé, Nicolas Pichat réunit douze convives; c'étaient d'abord les personnes de la famille, savoir : M. et madame Nicolas Pichat, mademoiselle Élisa Duchêne, leur nièce, M. Étienne Pichat, mesdemoiselles Clotilde et Mariette Pichat, ses nièces, et Adèle Savoie, que celui-ci faisait alors passer pour sa femme; Nicolas Pichat avait de plus invité cinq de ses amis, deux officiers généraux, MM. Jacquemard et Janet, avec lesquels il a été intimement lié jusqu'à leur mort; M. Sénéchal, propriétaire de la maison, M. et mademoiselle Toussaint, qui étaient de moitié dans sa location.

(1) Voici un paragraphe du reçu d'Étienne Pichat :

« En conséquence, M. Pichat oncle reconnaît et déclare, pour rendre hommage à la vérité, qu'au moment de l'acceptation, *deux années avant l'échéance* de la lettre de change dont s'agit, M. Nicolas Pichat lui a effectivement remis la somme de 2,500 francs pour les causes ci-dessus énoncées.

« Paris, mars 1824.

« Approuvé l'écriture ci-dessus,
« ÉTIENNE PICHAT. »

On déjeuna, on dîna copieusement, malgré une chaleur de vingt-sept degrés, et le soir, à neuf heures, six personnes, Étienne Pichat, ses deux nièces, Adèle Savoie, que nos adversaires désignent modestement comme sa femme de charge, et les deux généraux, qui par parenthèse n'étaient pas minces, se mirent dans un fiacre pour retourner, les deux derniers à Paris et les quatre autres à Belleville. Étienne Pichat, qui avait mangé immodérément du pâté, des perdrix aux choux, de la crème fouettée mêlée avec des fraises, se sentit indisposé à son arrivée; il prit de l'eau chaude et du lait pour provoquer les vomissemens, et fit appeler le docteur Bellemain, à qui il dit : « Je veux savoir ce que c'est que cette indisposition, car ce que je rends sent l'ail. » Le docteur lui demanda s'il en avait mangé, et, sur sa réponse affirmative, trouva le résultat tout naturel. Néanmoins Étienne Pichat exigea que ses alimens fussent analysés; cette opération, exécutée le lendemain, ne laissa aucun prétexte au doute : rien de vénéneux ni de malfaisant ne se trouvait parmi les alimens. Telle fut la décision du docteur, qui heureusement est encore plein de vie. Mais cette décision, concluante pour tout homme jouissant de sa raison, ne le fut pas pour Étienne Pichat. Deux jours après ce dîner, Nicolas Pichat, venu à Paris, apprit l'indisposition de son oncle; il s'empressa d'aller le voir. Ce jour-là Étienne Pichat convint qu'il avait trop mangé et que son indisposition avait été provoquée par l'excessive chaleur; mais quelques jours après, il dit à des amis communs qu'*il l'avait échappé belle !* Et ce propos ayant naturellement provoqué leurs questions, il se retrancha dans la réponse : « *Je me comprends.* » Plus tard, le général Jacquemard, l'ayant rencontré, s'informa s'il était bien remis : « Oui, répondit-il, je me porte bien actuellement, et *il n'y a que le poignard qui puisse m'atteindre !* » — Je sais bien ce qui vous atteindra auparavant, répliqua le général. — Eh quoi? — CHARENTON! » Et le général lui tourna les talons.

Aussi indigné que surpris des propos de son oncle, Nicolas Pichat se rendit à la Rotonde pour lui en demander l'explication. Étienne Pichat répondit qu'il avait souffert et qu'il avait bien le droit de se plaindre; qu'au surplus les médecins avaient fait un procès-verbal qui pouvait compromettre son neveu, et qu'il avait pris le parti de le jeter au feu. Nicolas Pichat courut chez le docteur Bellemain pour savoir ce que pouvait contenir ce procès-verbal. Ce langage était de l'hébreu pour le docteur, qui lui répondit : « 1° J'étais seul de médecin ; 2° il n'y a jamais eu de procès-verbal fait ni même la pensée d'en faire ; 3° il est vrai que j'ai fait dessécher les alimens, que je les ai *analysés* conformément au désir de M. Pichat ; mais il est vrai aussi que je n'y ai rien trouvé de *vénéneux ni de malfaisant*, et si votre oncle laisse croire le contraire, ce n'est pas le fait d'un honnête homme. »

Comme le docteur demeurait tout près de son client, Nicolas Pichat le pria d'aller le prévenir que s'il se permettait encore de pareils propos, il aviserait au moyen de lui imposer silence. Peut-être aurait-il dû, plus ému de pitié que de colère pour ce commencement de déraison, chercher avec sang-froid à dissiper les idées sombres qui étaient venues obscurcir un esprit jusque-là lucide et substituer d'horribles soupçons à une affection qui ne s'était jamais démentie. Il se pouvait que l'épouvantable pensée dont Étienne Pichat était obsédé ne fût pas née spontanément dans son esprit, qu'on eût abusé de ses dispositions méfiantes et craintives pour la faire naître et la développer. Il y avait donc peut-être encore quelque espoir de rompre le charme et de dessiller ses yeux ; mais Nicolas Pichat céda à un mouvement d'indignation bien naturel ; il prit la chose au sérieux, et les propos extravagans ayant continué, il écrivit à son oncle une lettre des plus énergiques, qu'il terminait ainsi : « Si je n'étais retenu par un reste de respect que je dois au frère de mon père, je vous traînerais en police correctionnelle, sur le banc des calomniateurs. »

Nos adversaires, qui ont dû trouver cette lettre dans les papiers d'Étienne Pichat, n'ont pas jugé à propos de la mettre au jour ; mais ils nous ont signifié le curieux Mémoire qu'on va lire.

Déclaration faite par Étienne Pichat pour servir de renseigne-mens à la justice dans le cas où il serait attaqué, blessé ou frappé mortellement.

« Moi, soussigné, Étienne Pichat, propriétaire de la Rotonde du Temple, à Paris, y demeurant, déclare sur l'honneur à Dieu et à la justice que tout ce qui est contenu dans cet écrit est vrai.

« Le 23 juin 1819, Nicolas Pichat, fils de Michel Pichat, mon frère, vint avec instance m'inviter à dîner à Versailles, pour le lendemain 24, dans une maison qu'il avait *soi-disant* louée, je dis *soi-disant* parce que quinze jours après le dîner il ne fut plus question de cette maison. J'acceptai l'invitation, je cédai aux instances dudit Nicolas Pichat, et je me rendis à Versailles au jour indiqué. Il est bon de faire observer que le jour que Nicolas Pichat vint à Belleville, j'aperçus dans son portefeuille, qu'il avait tiré pour chercher un papier, de l'écriture ressemblant parfaitement à la mienne. Je lui dis alors : « Tu as là de « mon écriture. » Il eut l'air préoccupé, ne me répondit pas et referma son portefeuille.

« Le 24, arrivé à Versailles dans la maison désignée, nous nous mîmes à table. Les convives se regardaient ; je feignis de ne pas m'en apercevoir. Au dessert on servit un fromage à la crème, dont on m'offrit. L'épouse dudit Nicolas Pichat (femme intrigante) prit l'assiette qui m'était destinée et affecta de me servir beaucoup de sucre. Elle me présenta l'assiette sur laquelle était le fromage sucré ; je la pris, et comme pendant un moment je fixai l'assiette sans en manger beau-coup, Nicolas Pichat se leva et dit : « Allons prendre le café. »

« Vers huit heures du soir, la dame Nicolas Pichat proposa une pro-menade dans un jardin voisin dit l'Ermitage. Nous nous rendîmes dans ce jardin. En entrant dans la maison je remarquai beaucoup de démolitions. Dans les allées du jardin nous rencontrâmes un jeune homme blond, d'une figure efféminée, que j'ai su depuis se nommer Édouard Douay ; il a épousé une nièce de Nicolas Pichat. Ledit Pichat faisait passer Édouard Douay pour un jeune Anglais. Ce jeune homme avait un fusil avec lequel il avait l'air de jouer ; il ajustait tantôt des oiseaux, tantôt des branches d'arbre. Je commençai à sentir que je n'étais pas à mon aise. Tourmenté par des inquiétudes internes, je pris congé de la compagnie, montai en voiture et rentrai à Belleville.

« Vers les onze heures du soir je ressentis des douleurs violentes dans l'estomac ; il me prenait des nausées avec un goût d'ail qui m'empoisonnait le palais. Je fis venir un médecin ; il m'ordonna de l'émétique. Je vomis beaucoup ; mais je fus incommodé de ce dîner près de huit jours. Mes soupçons se portèrent naturellement sur celui qui m'avait invité à dîner, et réfléchissant que j'avais vu la veille dans son portefeuille un papier dont l'écriture ressemblait parfaitement à la mienne, cela me donna des inquiétudes. L'empressement de son épouse à me sucrer le fromage, dont heureusement je mangeai peu, me parut suspect, attendu l'indisposition violente dont je fus atteint. J'avoue que je me repens de n'avoir pas fait analyser de suite les alimens que je rendis, cela m'aurait évité peut-être beaucoup de tourmens.

« Après bien des réflexions, je fis défendre l'entrée de ma maison audit Nicolas Pichat, à son épouse et à sa nièce ; ce qui, depuis cette époque, a été strictement exécuté.

« Je déclare en outre que trois jours après je me rendis à Noisy-le-Sec, chez M. Deplace, notaire, et que là je fis mes dispositions testamentaires en faveur de parens, neveux et nièces auxquels j'étais fort attaché.

« Les fureurs de Nicolas Pichat et de sa famille devinrent alors si grandes qu'ils me poursuivaient partout et que ma vie n'était plus en sûreté.

« Ils suscitèrent quelque temps après deux de leurs cousins, fils de mes deux sœurs ; l'un se nomme *Gonnet* ; il avait déjà dissipé sa fortune, et l'autre se nomme Puzin, fort mauvais sujets ; ils vinrent m'attaquer à force ouverte dans ma maison à Belleville. Puzin n'osa pas entrer, et Gonnet entra seul, me menaça, voulant me forcer à lui donner de l'argent. Je le fis arrêter par la gendarmerie, et quand il fut pris, il déclara par écrit, en présence de M. Levert, juge de paix, et de M. le maire de Belleville, qu'il était venu chez moi pour me faire un mauvais parti, et il me l'écrivit : on trouvera sa lettre dans le dossier des pièces joint à la présente déclaration. Il me déclara ensuite verbalement que c'était à l'instigation de Nicolas Pichat qu'il s'était décidé à venir m'attaquer chez moi. Il me demanda avec instance de le faire partir pour les colonies. Je fis un sacrifice. Effectivement il s'embarqua pour les États-Unis d'Amérique. Depuis, ledit Puzin n'a cessé de me poursuivre et de me demander de l'argent. Cet homme, pour lequel j'ai fait des dépenses considérables, que j'ai établi deux fois pour le mettre à même de travailler et de gagner sa vie honorablement, m'a déclaré et m'a écrit que c'était Nicolas Pichat qui le poussait contre moi. Les lettres dudit Puzin sont jointes aussi au dossier.

« Voyant que ma vie était en danger et que je ne pouvais sortir sans être exposé, attaqué de la goutte, et les médecins m'ordonnant de l'exercice, je me décidai à demander au major des Invalides un homme pour m'accompagner. Il m'accorda le sieur Dardant, sergent décoré, que je fis habiller en bourgeois et que je gardai plus de six mois à mes frais.

« Je me croyais tranquille ; mais, quelques mois après, je me suis vu exposé aux poursuites de Nicolas Pichat et de son neveu Édouard Douay. Ces individus, dont l'immoralité est reconnue, sont aux expédiens, passant leur vie dans les maisons de jeux, tripots et autres mauvais lieux. Nicolas Pichat demeure rue Notre-Dame-des-Victoires, 12, et l'autre rue Sainte-Anne, 52.

« Déterminé à mettre un terme à leur cupidité et voulant faire cesser cet état de choses trop inquiétant pour moi, je me décidai à me marier.

« En effet, en décembre 1822, après dispense, j'épousai ma nièce Pétronille-Clotilde Pichat, fille d'un autre frère. Mon bonheur fut grand lorsqu'en décembre 1823 elle mit au monde une fille. Devenu père, je croyais avoir mis un terme à tous mes malheurs et aux prétentions intéressées et criminelles de la famille de Nicolas Pichat, lorsque, par une fatalité dont il n'y a pas d'exemple, ils sont encore plus acharnés contre moi. Lorsque je me promène sous les colonnes de ma maison, je vois lesdits Nicolas Pichat et son neveu m'attendre et me guetter à la nuit tombante, Nicolas Pichat affublé d'une blouse de charretier et Douay déguisé en femme. Dans quelle intention venaient-ils ainsi ? Certainement pour me faire un mauvais parti, et le malheur a voulu que je ne puisse jamais les faire arrêter.

« Je déclare donc à la justice que ce n'est qu'avec de mauvais desseins, d'après ce qui m'est arrivé par eux et d'après leurs instigations, qu'ils viennent se tenir en embuscade autour de ma maison, à l'aide de déguisement. Que si jamais il m'arrivait d'être blessé ou frappé mortellement, ce ne pourrait être que par leurs coups ou par ceux de leurs émissaires. Ces misérables allègueraient peut-être, ainsi qu'ils affectent de le répandre, que j'ai des ennemis. Je déclare et j'affirme sur l'honneur que je n'ai jamais eu d'autres ennemis qu'eux. On peut faire une enquête : tous mes voisins diront comment je vis avec eux ; j'ai depuis vingt ans deux cents ménages qui habitent la Rotonde qui l'attesteront, et la vérité sera reconnue. Je déclare que dans le cas où après mon décès on vînt à présenter à mes héritiers naturels ou légitimes un testament olographe, ou des billets ou obligations souscrites par moi en apparence, ils ne pourraient être que faux. Il est nécessaire de dire, ainsi que je l'ai déjà fait, que le jour que Nicolas Pichat vint à Belleville pour m'inviter à dîner à Versailles, j'aperçus dans son portefeuille un papier où mon écriture était parfaitement imitée ; que lui ayant demandé à voir ce que c'était, il eut l'air préoccupé et ne me répondit pas et referma son portefeuille. Jugez de ma surprise lorsqu'à la fin de novembre dernier quelqu'un se présenta chez moi pour me demander si j'étais dans l'intention d'escompter un billet de 3,000 francs souscrit par moi, qu'on lui avait proposé de prendre. Sachant que je n'avais pas fait de billet, je me contins, j'entrai parfaitement dans ses vues ; je lui dis que précisément il venait de me rentrer des fonds et que je ferais ce qu'il me demandait avec plaisir. Je demandai à voir le billet ; il me répondit qu'il ne l'avait pas sur lui, mais qu'il allait le chercher. Je lui répondis : « Je vous attends, » bien résolu de le faire arrêter pour exiger de lui la déclaration de qui il tenait le billet prétendu ; mais malheureusement il ne parut pas. Je réfléchis que, d'après ce que j'avais dit et éprouvé, ce ne pouvait être que l'ouvrage de Nicolas Pichat ou de ses complices et adhérens.

« C'est donc dans l'intention de corroborer la présente déclaration, d'empêcher les coupables de concevoir quelque espérance de réussir dans leurs projets et d'éviter que des gens de bonne foi fussent trompés que je me décidai à faire insérer dans les journaux ci-après désignés et dont on trouvera un exemplaire de chacun dans le dossier des pièces à l'appui la déclaration ainsi conçue :

AVIS IMPORTANT AU COMMERCE.

« M. Étienne Pichat, propriétaire, demeurant à Paris, Rotonde du Temple, informé que l'on cherche à négocier des billets où l'on a voulu imiter son écriture et sa signature, déclare que depuis près de dix ans il n'a souscrit ni endossé des billets, n'a fait, accepté ou endossé de lettres de change ni obligations et ne s'est rendu caution pour personne. Il déclare en outre que son seul et unique notaire à Paris est M. Thibault, rue des Fossés-Montmartre, 7. »

(Étienne Pichat crut devoir reproduire des déclarations analogues dans divers journaux en octobre 1832 et novembre 1833.)

« Au moyen de cette publicité j'ai pensé qu'on n'oserait plus faire usage de pareils moyens, que ma vie serait en sûreté, ne pouvant plus tirer aucun profit de ma mort, et que ma famille pourrait à mon décès jouir tranquillement de ma fortune.

« Je vis retiré, je n'écris qu'à mes amis, et j'ai si bien pris mes précautions à cet égard qu'un jour le père de Nicolas Pichat m'écrivit de Gray sous le prétexte de me demander une recette contre la goutte. Au lieu de lui répondre moi-même, je lui fis répondre par mon régisseur, fondé de ma procuration, que je ne connaissais aucun remède à ce mal et que lorsque j'en étais atteint je savais souffrir. Enfin si jamais un événement malheureux m'arrive ou après ma mort naturelle, mon intention est, dans l'intérêt de mes enfans et de mon épouse, que mondit frère Michel Pichat et aucun de ses enfans ne fassent partie du conseil de famille et, à plus forte raison, soient évincés de la tutelle voulue par la loi. Telle est ma déclaration entièrement écrite de ma main et signée de moi, et telles sont mes intentions.

« Fait à Paris, le 6 février 1825.   ÉTIENNE PICHAT. »

Nous le demandons, aux yeux de tout homme impartial, cette pièce ne suffit-elle pas pour constater l'état de démence ou du moins de mo-nomanie où se trouvait Étienne Pichat? Examinons en détail les faits qu'elle énonce.

1° « **La maison où le dîner devait avoir lieu avait été *soi-disant louée; quinze jours plus tard il n'en fut plus question!* »** — Entre l'oncle et le neveu, sans doute, car il y avait eu rupture. Mais un compte du tapissier Chevillard prouve que le 6 juin 1819 il a fourni à MM. Toussaint et Pichat, locataires de compte à demi de cette maison, pour 6,603 francs de meubles (1). Or on ne meuble pas une maison à si grands frais pour y donner un seul dîner. Le fait est que Nicolas Pichat était allé passer la belle saison à Versailles pour marier sa nièce, et que la noce eut lieu à la fin d'août seulement.

2° « Étienne Pichat a aperçu dans le portefeuille de son neveu une

---

« (1) Reçu de MM. Toussaint et Pichat la somme de 1,200 francs, dont 600 francs comptant et 600 francs en deux effets payables le 15 septembre prochain sur les meubles que je leur ai fournis à Versailles dans les premiers jours de juin jusqu'à la fin de décembre prochain. MM. Toussaint et Pichat se réservent de garder tous les meubles qui ont été fournis, au prix de l'estimation, dans le cas où cela pourrait leur convenir à l'expiration du terme désigné ci-dessus; alors les 1,200 francs payés seraient à compte du montant desdits meubles.

« Paris, le 15 juillet 1819.   CHEVILLARD,

« *Tapissier, rue Hauteville, 4.* »

écriture ressemblant parfaitement à la sienne, et il lui en a fait la remarque. » — Nicolas Pichat n'a aucun souvenir de ce fait; mais il se pourrait bien que son oncle eût vu ce jour-là dans son portefeuille, non pas une écriture ressemblant à la sienne, mais sa propre écriture, car il avait reçu de lui, peu de jours auparavant, une lettre qui confirme ce que nous avons déjà dit, que l'oncle et le neveu étaient alors entre eux dans les meilleurs rapports (1). Quant à la remarque qu'Étienne Pichat aurait faite à son neveu au sujet de cette écriture, et à laquelle celui-ci se serait montré embarrassé de répondre, c'est là une invention de cet esprit troublé, qui créait ou anéantissait les faits, suivant le besoin de ses soupçons, comme l'analyse des alimens va nous en fournir un exemple.

3° « En se mettant à table les *convives se regardaient!* » — Circonstance insolite et significative! Étienne Pichat suppose donc que l'empoisonneur les avait mis dans la confidence!

4° « L'épouse de Nicolas Pichat prit l'assiette destinée à Étienne et affecta de lui servir beaucoup de sucre. » — Il est assez d'usage que l'on sucre copieusement le mets que l'on offre au convive que l'on fête, et malheur aux maîtresses de maison si cette politesse était réputée un indice d'empoisonnement! Et d'ailleurs ce propos, par lequel Nicolas Pichat aurait mis un terme à l'hésitation de son oncle, « *allons prendre le café,* » prouve qu'il tenait peu à ce qu'Étienne achevât son fromage.

5° « En entrant dans la maison où l'on était allé en promenade, Étienne Pichat remarque des démolitions! » — Il faut assurément être fou pour rien conclure d'une pareille remarque.

(1) « Paris, le 1ᵉʳ mai 1819.

« Je t'attends, mon cher Castillan, demain en mon château de Belleville pour y dîner avec nous. J'espère que madame Pichat sera de la partie. J'avais invité le général, mais une dame bourguignonne lui tient au cœur pour demain. Fragile humanité !...

« Je t'embrasse.   Ton oncle, PICHAT. »

6° « Un jeune homme tenait un fusil avec lequel il avait l'air de jouer, ajustant tantôt des oiseaux, tantôt des branches d'arbre! Étienne Pichat commençait à sentir qu'il n'était pas à son aise; il était tourmenté par des inquiétudes internes! » — Ne croyait-il pas qu'on allait faire feu sur lui en plein jour, au milieu de douze personnes? A coup sûr la folie seule peut inspirer de pareilles terreurs.

7° « Il éprouve des nausées avec un goût d'ail. » — Il a mangé de l'ail, et parce qn'il a entendu dire que l'arsenic brûlé répand cette odeur, il en conclut naturellement qu'il a été empoisonné! Voilà bien encore la logique de la folie et de la peur.

8° « Il se repent de n'avoir pas fait analyser ses alimens. » — Mais il les a fait analyser; le docteur Bellemain l'atteste, et lui-même a menacé dans le temps Nicolas Pichat d'un procès-verbal imaginaire de cette analyse. Autre preuve d'égarement! Et d'ailleurs le certificat du docteur Bellemain ne met-il pas au néant l'empoisonnement prétendu et ne constate-t-il pas la monomanie du soi-disant empoisonné (1)?

(1) « Je soussigné, docteur en médecine de la faculté de Paris, etc., certifie qu'au mois de juin 1819 je fus appelé dans la nuit pour donner mes soins à feu M. Pichat, dit de La Rotonde, qui habitait alors sa maison de campagne, rue du Pré, n° 17, à Belleville, à l'occasion de vomissemens des alimens qu'il avait pris à son dîner sans accidens ni douleurs abdominales, excepté cet état pénible dans lequel on se trouve après une indigestion. Mais le malade m'ayant engagé à conserver les résidus pour les analyser et reconnaître les substances délétères qu'il pensait devoir s'y trouver, je m'empressai d'accomplir à cet égard ses volontés et ne vis rien qui pût justifier ses soupçons, ainsi qu'il s'en était expliqué avec moi. Je crois devoir ajouter et déclarer ici que j'ai acquis, postérieurement à ces faits, la certitude que M. Pichat, dont j'étais le médecin et que j'ai connu intimement, vivait constamment sous l'empire d'une crainte puérile qui caractérisait chez lui une véritable monomanie, puisque cette idée fixe exaltait son imagination au point qu'il ne voyait que des assassins dans ses parens, des misérables qui voulaient incessamment attenter à ses jours, de telle manière que ses sens, troublés par cette fatigante pensée, lui montraient à chaque instant des hommes armés contre lui, se travestissant en des costumes différens pour tromper sa vigilance et ACCOMPLIR, disait-il, LEURS SINISTRES PROJETS.

« Belleville, 9 janvier 1840.   BELLEMAIN. »

(Légalisé par M. le maire de Belleville.)

9° « Nicolas Pichat et sa famille le poursuivaient partout, et sa vie n'était plus en sûreté! » —Nous reviendrons sur ces visions.

10° « Ses neveux Gonnet et Puzin sont venus, à l'instigation de Nicolas Pichat, l'attaquer à force ouverte dans sa maison à Belleville! » —Voici la vérité : Gonnet, sans ressource à Paris, avait fait plusieurs démarches vaines pour parvenir jusqu'à son oncle; il prit le parti de lui écrire à Belleville pour le prévenir qu'il se présenterait chez lui le lendemain. Étienne Pichat, dans sa terreur, vit là un projet d'attenter à ses jours : comme si on avait soin de prévenir ceux à qui l'on veut faire un mauvais parti! Il fit venir chez lui trois ouvriers qu'il employa dans son jardin et chargea son neveu Camille, logé chez lui, d'empêcher Gonnet de pénétrer dans la maison. Comme il l'avait prévu sans doute, il s'éleva entre les deux cousins une querelle; Camille appela les ouvriers à son secours, et Gonnet, chargé de coups, se vit encore arrêté par la gendarmerie. Mais comme il fut prouvé qu'il était venu chez son oncle sans armes d'aucune espèce, l'oncle, honteux, s'empressa de le faire mettre en liberté et lui offrit de l'argent pour passer en Amérique, à condition toutefois qu'il lui écrirait des lettres qui lui furent dictées. Gonnet, comme il arrive trop souvent à ceux qui sont sous le joug de la nécessité, se prêta à tout ce qu'on voulut. Telle est l'origine des lettres de Gonnet, dont se targuent nos adversaires. Quant à Michel Puzin, plus tard nous expliquerons ce qui le concerne.

11° « Étienne Pichat prend à sa solde, pour garde du corps, un sergent des invalides. » —Qu'on nous administre la preuve d'une seule tentative dirigée contre sa personne, ou que l'on convienne que c'est là le trait d'un véritable monomane.

12° Les accusations d'immoralité dirigées contre Nicolas Pichat ne nous arrêteront pas; on a pu les apprécier : quant au sieur Douay, qui jamais peut-être n'a vu Étienne Pichat, cet *homme aux expédiens* possédait alors et a tenu longtemps un fort beau magasin de soieries, rue Sainte-Anne, 51. Il est maintenant retiré du commerce et dans l'aisance.

13º « A la nuit tombante, Étienne Pichat, se promenant sous ses colonnes, voit Nicolas Pichat et son neveu l'attendre et le guetter, déguisés, l'un en charretier et l'autre en femme. » — Et l'on doutera qu'il fut visionnaire ! « Le malheur a voulu qu'il ne pût jamais les faire arrêter. » — Nous le croyons bien. Et pourtant il y avait à la Rotonde un bureau d'agens de police et deux cents ménages prêts à leur donner main-forte ; mais, par malheur encore, tandis qu'Étienne Pichat voyait son neveu, déguisé en charretier, rôder insidieusement autour de la Rotonde, celui-ci était sur la route de Besançon ou de Mataro.

14º Quant à l'historiette du porteur de billets, est-ce une invention de la méchanceté ? est-ce une hallucination de la folie ? Nous l'ignorons ; mais, à coup sûr, le fait fût-il vrai, on ne pourrait l'imputer à Nicolas Pichat, qui, à cette époque, récemment payé des fournitures considérables qu'il avait faites à l'armée française en Espagne, était plus en peine de trouver des moyens de placement que de se procurer des fonds.

15º L'*Avis important au commerce* est encore un trait digne de figurer dans les archives de la monomanie peureuse. Nous en dirons autant de la précaution de ne plus écrire à personne dans la crainte de fournir des instrumens aux faussaires.

Notons encore que dans ce bizarre récit Étienne Pichat ne dit pas un mot des convives qui prirent part avec lui au déjeuner et au dîner de Versailles, car il y eut deux repas ; qu'il semblerait, à l'entendre, qu'il était seul à ce dîner avec la famille de son neveu, tandis qu'il y avait, comme nous l'avons dit, douze personnes.

Peut-être, en s'attachant uniquement à considérer le système général d'impostures qui a tissu ce récit, pourrait-on y voir l'œuvre de la méchanceté autant que de la folie ; mais qu'on le rapproche de la vie qu'Étienne Pichat s'était faite, des terreurs qui l'agitaient sans cesse, des privations et des contraintes qu'il s'imposait, n'osant plus écrire à personne, fuyant Paris chaque année pour se dérober aux complots de ses parens et tremblant de les rencontrer en route, assignant à ses voyages un but contraire à sa véritable destination, s'entourant de gardiens et d'espions, cherchant partout des amis qu'il renvoyait sous les plus frivoles prétextes ; certes, à l'aspect d'une vie aussi misérable, on est saisi d'une pitié profonde, et l'on ne doute plus qu'Étienne Pichat ne fût réellement fou, c'est-à-dire qu'ayant conservé pour la conduite de ses affaires et l'administration de sa fortune l'intelligence d'un esprit naturellement fin, une seule idée, née d'une excessive propension à la défiance et à la peur, l'appréhension que ses neveux n'attentassent à ses jours pour s'emparer de sa riche succession, avait, en tout ce qui se rapportait à cette idée, complétement égaré sa raison.

Et indépendamment des remarques puériles et des hallucinations manifestes qui abondent dans son récit, l'idée première qui le lui a inspiré est à elle seule une preuve palpable de sa monomanie.

Eh quoi ! Étienne Pichat, invité avec ses deux nièces et la personne qu'il traite comme sa femme, à faire une partie de campagne chez son neveu, chez un neveu à qui jusque-là il n'a cessé de montrer une prédilection marquée, trouvant là nombreuse et bonne compagnie, va supposer que cette invitation cachait un projet homicide ! Mais ce neveu, fût-il le plus scélérat des hommes, aurait-il donc choisi pour son crime une pareille circonstance ? Quelle était d'ailleurs à cette époque la fortune d'Étienne Pichat ? Environ 600,000 francs. Quelle eût été la part de Nicolas Pichat dans cette fortune ? Un trentième ! Et pour 20,000 francs il eût commis un tel attentat, lui dont nous avons fait connaître la position ! Certes, Étienne Pichat, tout fou qu'il était, n'a pu le croire ; aussi, pour rendre à ses propres yeux l'empoisonnement supposable, il a dû recourir à l'hypothèse d'un faux testament ! Bizarre logique de la folie ! Un crime seul n'étant pas possible, elle en imagine deux ! Mais le soupçon de ce second crime sur quoi est-il fondé ? sur ce qu'Étienne Pichat a cru voir dans le portefeuille de son neveu une écriture ressemblant à la sienne ! En vérité, l'esprit reste confondu de l'énormité de la conséquence, rapprochée de la futilité du motif. Et lorsqu'un homme, ayant fondé sur de pareilles bases un tel échafaudage de suppositions monstrueuses, n'a voulu ni s'en rapporter aux réponses de la science, qui avait interrogé ses alimens, ni demander une explication franche à son neveu sur cette écriture qui lui suggérait tant d'horribles pensées; lorsque, sur ces motifs imaginaires, passant tout à coup à l'égard de ce neveu de la tendresse et de la confiance à une haine furieuse, il a répandu contre lui les plus infâmes imputations et s'est condamné de gaîté de cœur à la vie des Louis XI et des Cromwell, on viendra soutenir que cet homme n'était pas fou! On viendra, d'après Étienne Pichat et sans avoir son excuse, qualifier Nicolas Pichat d'*homme à la main habile!* Et quelle preuve d'*habileté de main* Nicolas Pichat vous a-t-il donnée? L'avez-vous jamais vu figurer devant aucun tribunal comme soupçonné d'un faux, d'une simulation, d'une fraude quelconque? Avez-vous vu dans le commerce suspecter ses engagemens ou douter de la valeur de sa signature? Quel est celui des deux, M. Thibault, qui a la main la plus habile, du neveu qui, sans aucun motif véritable, se voit frustré de tout partage dans une succession à laquelle la loi l'appelait à prétendre, ou du notaire qui, adroit à s'insinuer dans l'esprit de son client, a su se procurer la saisine et l'administration de tous ses biens, avec bague, traitement confortable, maniement de fonds pour le présent, prétention pour l'avenir de faire faire un riche mariage à sa fille? Certes, nous ne nous portons point garans du contenu d'un article que nous avons lu autrefois dans un journal intitulé *l'Observateur, cri des Familles*, n° du 30 mai 1834; mais nous disons que M. Thibault, qualifié dans cet article comme étant la honte du notariat, n'a point poursuivi le rédacteur en calomnie et qu'à sa place nous n'eussions point hésité à le faire.

Reprenons maintenant l'historique de la vie d'Étienne Pichat. En 1820 et 1821, ne voyant partout que des assassins, il ne marchait plus

qu'escorté de son invalide, d'un chien dogue et de son domestique déguisé en chiffonnier et chargé d'explorer les maisons en construction, de
peur que ses neveux ne se tinssent embusqués derrière les palissades
en planches. Chaque fois qu'il rentrait chez lui à Belleville, il racontait
à son voisin le docteur Bellemain qu'*il l'avait échappé belle !* que deux
individus l'avaient suivi à quatre-vingts pas de distance, mais que son
regard leur avait imposé.

En 1821 il marie Camille, son neveu, avec sa nièce et pupille Mariette.
Par leur contrat de mariage il semble donner aux époux 60,000 francs ;
mais il y met la condition que « s'il se remarie et qu'il ait des enfans,
il pourra révoquer la donation. » C'est encore ici l'affaire Baudouin, et
nous en verrons plus loin les tristes conséquences. Du reste cette assi-
gnation de dot ne changeait rien à sa position à l'égard des époux,
puisque l'intérêt de la somme était représenté par la nourriture et l'entretien qu'ils continuaient de recevoir chez lui, et s'il y ajoutait quelques cadeaux, il faut rappeler ici qu'après la mort de la mère de sa
pupille, il avait reçu, au nom de celle-ci, une somme de 7 ou 8,000
francs dont il n'a jamais rendu compte. Nos adversaires, pour prouver
qu'Étienne Pichat rendait des services importans à sa famille, nous ont
dit qu'il avait prêté de l'argent à M. Blanc, son neveu (de Vienne), et
qu'il le priait de faire un renouvellement de la somme qu'Étienne Pichat lui avait prêtée ; cet argent, dont l'intérêt était bien payé, ne venait
pas d'un prêt d'Étienne Pichat, parce qu'il ne prêtait jamais, mais bien
des rentrées qu'il faisait pour le compte de sa belle-sœur Mariette,
dont Étienne Pichat était le tuteur.

En 1822, Étienne Pichat apprend que sa femme, tombée en démence
après les événemens de 1793, était décédée dans une maison de
santé à Lyon. Cette mort est pour lui le sujet de nouvelles extrava-
gances. Un beau jour il lui prend fantaisie de renvoyer tout son
monde, Camille et Mariette, Clotilde, sœur de Camille, Adèle Savoye,
sa maîtresse depuis dix-neuf ans, et de plus tous ses domestiques. Cette
révolution intérieure eut pour dénoûment le mariage d'Étienne Pichat.
Avec qui ? Avec cette même Clotilde, que naguère encore il renvoyait et

que l'année précédente il avait voulu marier successivement à deux officiers, par qui ses offres furent rejetées, parce qu'Étienne Pichat prétendait en même temps marier sa nièce et la garder près de lui.

Le second mariage d'Étienne Pichat a lieu en décembre 1822, et une année après, sa femme lui donne une fille nommée Valérie. Cette naissance et les poursuites exercées par Étienne Pichat envers madame Baudouin, sœur de Mariette, portent la mort dans l'âme de Mariette et dans celle de Camille, justement alarmés de la clause qui rendait leur donation révocable. Tous deux succombent à une maladie de langueur, en 1824, sans avoir reçu de leur oncle une seule visite.

Nous nous abstiendrons de remarquer que la naissance d'un enfant ne produisit pas sur la monomanie poltronne d'Étienne Pichat l'effet qu'elle n'eût pas manqué d'avoir sur un homme de sens ; cela résulte de son propre Mémoire et de l'*Avis important au commerce*, qui parut dans les journaux à cette époque. Clotilde, que son mariage n'avait certainement pas rendue heureuse, meurt à Saint-Mandé, loin du domicile conjugal, à la fin de 1826, de la même maladie que son frère et sa belle-sœur. Peu de mois après, Étienne Pichat rechercha en mariage mademoiselle Allais, fille du percepteur des contributions de Belleville ; celui-ci, connaissant depuis longtemps le futur époux, ne voulut jamais consentir à cette union, quels que fussent les avantages offerts à sa fille. Mademoiselle Allais, majeure, eut le malheur de se laisser éblouir par ces avantages, et, en juillet 1827, le mariage eut lieu, après sommations respectueuses. Ainsi, contre l'usage, ce fut cette fois pour épouser un vieillard qu'une fille brava l'autorité paternelle. Elle eut bientôt sujet de s'en repentir, et une prompte séparation rompit ce triste lien ; mais ce ne fut pas sans un nouveau trait de folie d'Étienne Pichat. Par une circulaire imprimée il prévint ses connaissances qu'il allait traduire sa femme en cour d'assises comme coupable de tentative d'assassinat sur sa fille, qu'elle avait précipitée du haut de son escalier ! C'est ainsi que le monomane interprétait une chute accidentelle de l'enfant. Les personnes qui ont reçu cette circulaire pourront en déposer.

Après la mort de Clotilde, Étienne Pichat avait écrit à M. Fayolle, son ancien camarade de l'armée d'Italie, alors établi à New-Yorck, pour le presser de venir partager sa fortune, assurant qu'il avait besoin d'un ami tel que lui. M. Fayolle, content de sa position, ne se rendit pas d'abord à ces instances; mais Étienne Pichat devint si pressant que son ancien ami résolut enfin de lui complaire : il vint à Paris et fut installé à la Rotonde. Mais, témoin du mauvais ménage d'Étienne Pichat avec mademoiselle Allais, il ne tarda pas de paraître gênant; le monomane lui chercha une querelle d'Allemand, et M. Fayolle, connaissant enfin son homme, le quitta fort mécontent du tour qu'il lui avait joué.

En 1828, Michel Pichat, l'auteur de *Léonidas*, succomba à une maladie de poitrine qui avait duré près d'une année. Or, ce neveu, avec lequel, disent nos adversaires, « *Étienne Pichat était si bien et qui en était digne par son mérite personnel et par la pureté de ses sentimens*, » Étienne Pichat l'avait chassé de chez lui en 1813 et ne se réconcilia avec lui qu'en 1819, après le diner de Versailles. Sans autre motif qu'une nouvelle lubie, il lui ferma de nouveau sa porte à la fin de 1826, et pendant tout le cours de sa longue maladie il ne le vit pas une seule fois.

Après sa mort, Me Coffinières alla, de la part de sa veuve, prier le *bon oncle* de la Rotonde de faire quelque chose pour les funérailles de son neveu. Il fallut toute son éloquence pour obtenir un billet de 500 francs, auquel il fut gracieusement ajouté : « Monsieur, dites bien à la veuve que c'est la clôture. » Nous verrons plus tard ce qu'il a fait pour les enfans de Michel Pichat.

En 1830 mourut, après avoir langui pendant longtemps, la jeune Valérie. Étienne Pichat, dans son isolement, eut l'idée d'appeler auprès de lui la famille Mathieu, dont le chef avait épousé une sœur de Clotilde, sa seconde femme. Le sieur Mathieu avait à Vienne un magasin de chapellerie. Étienne Pichat lui tint le même langage qu'à son ami Fayolle : « Venez, arrivez, vous êtes les seuls parens que j'affectionne, vous n'aurez point à regretter votre établissement, etc. » Le sieur Mathieu se laissa prendre à ces belles paroles : il vendit son fonds de commerce et accourut à Paris avec sa femme et sa fille. Les voilà établis à la Rotonde, et tout alla bien les premiers mois. Mais cette nouvelle famille ne tarda pas de déplaire à son tour, et après un séjour de neuf mois environ, l'oncle un beau jour leur dit : « J'ai maintenant l'envie d'être seul; dans trois jours il faut que vous ayez quitté la Rotonde. Après demain il y aura un grand dîner d'adieu, auquel j'inviterai ceux de mes amis qui vous connaissent. Là vous annoncerez votre départ en déclarant que l'air de Paris nuit à la santé de madame Mathieu, et que, pour conserver ses jours, vous êtes obligé de quitter cette ville. » Telle fut la comédie qui précéda le départ de la famille Mathieu, laquelle, à son retour à Vienne, apprit que l'acquéreur de son fonds de commerce avait mis la clé sous la porte. Nous ne pouvons dire au juste quel fut le motif qui décida Étienne Pichat à renvoyer les Mathieu. Toutefois, sans le connaître positivement, car qui peut deviner les mobiles qui déterminent les caprices d'un maniaque? nous présumons que cette rupture n'eut lieu que par suite des intrigues de ceux qui entouraient Étienne Pichat et qui avaient le plus grand intérêt à éloigner tous ses parens. Mais supposer, comme nos adversaires, que l'*air de Paris soit mortel pour une personne qui se porte parfaitement à Vienne*, c'est insulter à la sagacité des juges!

Après le départ des Mathieu, les alentours d'Étienne Pichat eurent les coudées franches; les rôles furent distribués. L'ex-notaire Thibault prit la direction en chef; Deplace, ex-notaire à Noisy-le-Sec, fut son adjoint; le colonel Rosier, commensal de la Rotonde, et le régisseur Dupré eurent l'emploi d'écrire les lettres anonymes destinées à épouvanter Étienne Pichat et à tracasser ses neveux. (Ces quatre personnes font partie du conseil de famille de Léon Laurent.) Dupré fut en outre chargé d'écarter les parens qui se présentaient encore à la Rotonde, de surveiller surtout la famille, et, suivant le noble usage de ceux qui acceptent de telles missions, il ne manquait pas, à défaut d'actes réels, de grossir ses rapports de complots et de périls imaginaires. Tantôt il avait vu des gens de mauvaise mine rôder autour de la Rotonde et fixer sur la demeure du maître des regards menaçans; tantôt un parent s'était présenté et, par ses questions insidieuses sur les habitudes d'Étienne Pichat, avait laissé deviner un projet formé contre ses jours. C'est au milieu des terreurs inspirées par ces rapports et ces machinations qu'on lui présenta comme unique moyen de salut l'idée de tester en faveur d'un enfant dont, à la vérité, il avait pris quelque soin en payant pour son entretien une modique pension, mais pour lequel on conviendra qu'il n'avait pas une affection bien vive, puisque depuis sa naissance il s'est marié deux fois, et que, sa fille étant morte en 1830, il ne pensa qu'en 1832 à l'instituer son héritier. Nous devons en conclure que cette pensée ne vint pas de lui, qu'elle lui fut suggérée par ses alentours, qui, pareils à beaucoup de courtisans, souriaient à l'espoir d'une future minorité ; et le rapprochement de plusieurs circonstances qui précédèrent et accompagnèrent le premier testament d'Étienne Pichat va prouver cette assertion jusqu'à l'évidence.

En juin 1832, deux neveux d'Étienne Pichat, établis loin de Paris et jusqu'ici étrangers à ses sollicitudes, Charles et François Pichat, étaient venus de Gray pour faire à Paris des acquisitions de farines, l'un comme courtier, pour le compte de M. Tramoy, de la même ville, l'autre comme négociant, pour son propre compte. Ces opérations seront constatées au besoin par M. Poissonnier, l'un des principaux facteurs de la Halle de Paris.

En août 1832, le régisseur Dupré, ayant rencontré Michel Puzin, inspecteur de fiacres sur le boulevard Montmartre, le questionne suivant ses habitudes et, entre autres choses, lui demande s'il ne craint pas de perdre sa place. Puzin répond : « Je n'en suis pas inquiet : deux de mes cousins, qui étaient ici il y a peu de jours, m'ont dit que si je perdais ma place ils m'en procureraient une autre dans une usine où ils ont un intérêt. » Là-dessus Dupré s'en va dire à Étienne Pichat : « Grande nouvelle ! Puzin m'a dit que deux de ses cousins de Gray étaient, il y a peu de temps, à Paris et qu'ils l'avaient engagé à ne pas s'inquiéter de sa place ; qu'avant peu *il serait très-heureux et n'aurait plus besoin de travailler.* » Étienne Pichat, comme de raison, voit dans ce rapport l'indice d'une belle et bonne conspiration contre sa vie et sa fortune, et, en guise de contre-mine, il est décidé qu'on aura recours aux lettres anonymes. Sous la date du 3 septembre 1832, une première lettre adressée à M. Pichat, courtier de commerce à Gray, est écrite par le colonel Rosier, dont on peut vérifier l'écriture. Voici la lettre :

« Paris, le 3 septembre 1832.

« Monsieur,

« J'ai déjà contre votre oncle dirigé quelques mouvemens ; cela paraît très-difficile à s'entendre. A vous parler franchement, il faut que vous veniez à Paris, nous avons des arrangemens à prendre. Il ne faut pas croire que, quoique ayant habité si près, nous jouions nos têtes sans tenir les cartes. J'ai des hommes à satisfaire ; toutes les paroles données dans un cas semblable ne peuvent satisfaire, il faut du solide. Au surplus, nous tenons à ce que des hommes attachés à la police ne se mêlent pas de notre opération. Venez donc passer ici quinze jours : aussitôt que je serai satisfait, les vers en feront leur pâture.

« Quand vous serez arrivé à Paris, il ne faudra parler de cela à personne surtout, je vous en dirai la cause. Adressez-moi votre lettre de départ à madame veuve Mayer, poste restante à Paris, et indiquez-moi votre adresse ; alors je vous donnerai un rendez-vous. »

Il est remarquable que cette lettre n'est mise à la poste que le 6, et que c'est le 5 qu'Étienne Pichat avait testé pour la première fois en faveur de Léon Laurent. Sous quelle impression ! On peut le conclure de ce propos qu'il tint en arrivant chez Mᵉ Godot, notaire, « *qu'il craignait de ne pas avoir le temps de faire son testament.* » On peut le conclure encore du contenu de la lettre anonyme, où l'on suppose que M. Pichat (de Gray) est tout prêt à entrer en arrangement avec des sicaires pour se débarrasser de son oncle, dont *les vers feront bientôt leur pâture* (1). Et l'on dira que ce testament est l'œuvre d'un homme sain

(1) Nous ferons remarquer à cette occasion que dans le procès Taveau c'est à la suite d'une lettre anonyme, remplie de grossièretés et de menaces, que la pauvre tête de ce malheureux se dérangea, ce qui amena son suicide. (Voir la *Gazette des*

d'esprit! De deux choses l'une : ou la lettre anonyme a été écrite de l'aveu d'Étienne Pichat, et c'est le trait d'un homme que la peur a rendu fou ; ou cette lettre a été écrite à son insu, et elle prouve qu'il était entouré de misérables dont l'obsession ne lui laissait pas le libre usage de sa raison.

Quelques jours après cette lettre, arrivent sous enveloppe, à la même adresse, deux bulletins conçus dans le même style.

Premier bulletin. — « L'espion D.... (Dupré) vous a trahi ; il fallait venir quand je vous l'ai dit, tout serait consommé ; vous seriez riche et moi aussi. A présent prenez garde à vous. »

Second bulletin. — « Lisez ce morceau de journal ; mon adresse est toujours la même..... »

Ce morceau de journal est un fragment de la *Gazette des Tribunaux* daté du 12 octobre 1832, qui publie l'article banal d'*Avis important au commerce*, etc., etc.

A la réception de cette lettre et de ces bulletins, Charles Pichat les va communiquer à M. Meunier, procureur du roi à Gray, et lui demande conseil. Ce magistrat lui répond : « Ceci se trouve bien ; nous avons justement ici le fameux Vidocq ; si vous voulez, je vais lui donner des instructions pour qu'à son retour à Paris il avise au moyen de faire arrêter cette veuve Mayer, qui, suivant la lettre anonyme, doit venir à la poste réclamer la réponse. » Le conseil était bon et le moyen bien imaginé pour découvrir et démasquer les coupables. Malheureusement Charles Pichat raisonna à l'égard de son oncle comme à l'égard d'un homme sain d'esprit. Il crut avoir trouvé une excellente occasion de se faire bien venir de cet oncle, et il lui écrivit pour l'instruire des let-

Tribunaux des 21 janvier et 18 février 1831.) La lettre que nous venons de rapporter offre une grande ressemblance avec celle qu'on écrivit à Taveau.

tres qu'il avait reçues, protestant de son horreur pour de pareils desseins, de son affection, etc. Or, après trois lettres de ce style adressées coup sur coup, sait-on la réponse qu'il reçut? Cette réponse anonyme, écrite par Dupré, était ainsi conçue :

« Paris, le 28 novembre 1832.

« *A Monsieur Pichat, agent de change à Gray (Haute-Saône).*

« Je vous ai déjà écrit, Monsieur, que je ne recevais pas vos lettres, ayant été témoin qu'on vous avait répondu qu'on ne vous connaissait pas et qu'on ne voulait pas vous connaître ; que je n'avais rien de commun avec vous, et je ne sais pourquoi vous vous obstinez à m'écrire. Je vous préviens qu'on ne lit pas vos épîtres et qu'on les jette au feu sans les décacheter. »

Ici point de milieu : ou l'oncle circonvenu n'avait pas reçu les lettres de son neveu, et la réponse anonyme de Dupré le faisait parler à son insu, ou la monomanie avait encore une fois prévalu sur les inspirations du plus vulgaire bon sens.

Mais ce n'est pas tout; et voici bien deux traits plus saillans de cette monomanie inspirés par la crainte des faussaires et par le voyage à Paris de MM. Pichat (de Gray). Nous les puisons dans la *Gazette des Tribunaux* du 19 novembre 1833 et dans le dossier même signifié par nos adversaires. Nous copions :

AVIS IMPORTANT AU COMMERCE.

« M. Étienne Pichat, propriétaire de la Rotonde du Temple à Paris, y demeurant, se trouve dans la nécessité de persister dans les avis qu'il a fait publier dans les journaux au commencement de 1825 et au mois d'octobre 1832, et craignant plus que jamais que l'on ne cherche à négocier des billets où l'on aurait imité son écriture et sa signature, déclare que depuis dix-huit ans il n'a souscrit ni endossé des billets, n'a fait, accepté ou endossé des lettres de change ou obligations, et ne s'est rendu caution pour personne ; déclare en outre que les seules dispositions testamentaires authentiques et olographes qu'il a faites se trouveront dans le coffre-fort à combinaisons qui est chez lui, et qu'il a déposé le double de ces dispositions chez M. Godot, son seul et unique notaire, rue de Choiseul, 2, à Paris, successeur de M. Thibault; que toutes dispositions qui seraient représentées comme émanant de lui, et qui se trouveraient en d'autres lieux que les deux endroits ci-dessus indiqués, fût-ce même dans l'intérieur de son domicile, doivent être considérées comme fausses.

« M. le procureur du roi est instruit des motifs de cet article.

« ÉTIENNE PICHAT. »

Du 15 novembre 1834.

NOTE DE M. PICHAT (ÉTIENNE) A M. LE PROCUREUR DU ROI.

« Il le prie de faire comparaître devant lui Michel Puzin, inspecteur aux voitures de place, boulevard Montmartre, pour savoir s'il n'est pas à sa connaissance que Nicolas Pichat (de Paris), Charles Pichat, son frère (de Gray), et la femme Douay n'ont pas, depuis plusieurs années, attenté aux jours d'Étienne Pichat, leur oncle, et si ce n'est pas à leur instigation que Gonnet s'est introduit de vive force à Belleville; si Puzin ne l'accompagnait pas; s'il n'est pas vrai que Charles Pichat (de Gray) n'a pas cherché à rassurer Michel Puzin sur son sort, en lui disant que bientôt il n'aurait plus à travailler, et la conduite qu'il aurait à tenir dans le cas où l'assassinat de leur oncle s'effectuerait; si un faux testament ne devait pas être déposé au domicile de l'oncle; s'il ne connaît pas la femme Douay, née Duchesne, nièce de Nicolas Pichat; si le père de ladite n'a pas été condamné aux fers, à Lyon; si le frère de Duchesne n'est pas employé dans la police et n'a pas été en prison, à Lyon, pour avoir fait partie d'une bande; s'il n'est pas en relation avec des forçats libérés.

« Fait à Paris, le 15 novembre 1834.   ÉTIENNE PICHAT. »

M. le procureur du roi fit en effet comparaître devant lui Michel Puzin, et, après un interrogatoire de quelques minutes, ce magistrat se convainquit aisément que l'auteur de la plainte avait le cerveau dérangé et que les horribles imputations qu'il dirigeait contre sa famille étaient des fantômes créés par son imagination.

A la mort de Michel Puzin, en janvier 1839, on a trouvé dans ses papiers le brouillon d'une lettre qu'il avait écrite à son oncle après sa comparution devant le procureur du roi. Cette pièce est importante sous plus d'un rapport :

1° Si l'on veut comparer le style et l'orthographe, on se convaincra immédiatement que les lettres produites par nos adversaires comme écrites par Michel Puzin ne peuvent être son ouvrage; que ces lettres lui ont été dictées par Étienne Pichat ou par ses adhérens, qui, abusant de sa misère, ont mis leurs secours à ce prix.

2° Cette même pièce, véritable expression de la pensée de Michel Puzin, dément toutes les calomnies dirigées contre Nicolas Pichat dans celles qu'on lui a fait écrire. Voici cette pièce littéralement telle que Michel Puzin l'a tracée :

« Mon oncle,

« Depuis trois ans (trois cents ans) que nautre famille et connue de pere en fils à Vienne, jamais un seul de nous ne paru devant un procureur du roi, ci ce ne moi, je naurait put penssé que cétait un oncle a qui j'ai sauvé la vie, mi aurais fais apelléz, que cétait un oncle élèvé par ma mère sa sœur et maraine, qui macusait de la plus affreuse calomnie, jai perdu ma fortune, par des revers de commerce et je n'ai jamais murmuré contre celui qui me la enlevée, et vous pensseriez aujourduy quavand peux je serois heureux parceque je vous aurois assassiné, vous êtes fouls mon oncle jai dit au procureux du roi quil y en a au petitte maisons qui ne lon pas merites tants que vous. rassurais vous, ci vous ne mourai que de la main de lun de nous vous avez encore bien longtemts a vivre.

« Je vous salue d'amities

« Votre neveu MICHEL PUZIN. »

Quoique le brouillon ne porte point de date, le contenu prouve que la lettre a été écrite peu après la comparution de Puzin devant le procureur du roi, le 15 novembre 1834. Nous donnons textuellement copie d'autres lettres de Michel Puzin à Nicolas Pichat (1); lesquelles, pour le style et l'orthographe, identiques avec la précédente, prouvent en outre dans quels termes il était avec celui-ci, et combien sont absurdes les imputations contenues dans les lettres qu'on lui a fait écrire, notamment dans celle qu'il prétend avoir adressée à Nicolas Pichat, et dont il envoie copie à son oncle. Nous donnons également la copie littérale de ces dernières lettres (2), et nous ne doutons pas que les

(1) « Paris le 10 janvier 1826.

« Mon cousin, je me déside a parti pour Dijon et ensuite pour Lyon dans la huitaine veulle voir à me faire quelques fonts ; car je crois que je ne reverrais pas Paris de lomgtent, inssi jespere que tu agiras : à mon egard. comme parens je te prie en maime tempt de menvoyer la facture de Fockedey Charvet... que tu as consernant mon oncle.

« En atendant ta reponse je te salue

« Ton cousin MICHEL PUZIN, rue du Petit Carraux, 44. »

« Paris le 11 mars 1828.

« Mon cousin je vien de chez toi, ton domestique ma dis que tu étois sorti, ne voulant t'inportuné continuellement, cet pour quoi je técrit ces deux mots pour savoir ci tu peux me prélé ou me faire pretté 250 francs pour quatre mois si tu me le prettes je peux te faire gagnés un billet de 500 francs pour les six mois douvrage quil y à dans cette parti les 250 francs son pour acheté les ustencille qui me fau en me faisant ce que je te demande tu feras mon bonheur il ni a qua gagné. Puisqu'on ne travaille qua façon inssi voûlla le moment où il faut ce mettre à louvrage, inssi voie ci tu peux faire ce que je te demande

« En atendant ta reponce je te salue

« MICHEL PUZIN, rue Pavé Saint Sauveur 9. » (Point de réponse.)

(2) A Monsieur Pichat.   « Paris, le 7 octobre 1820.

« Mon cher oncle,

« Je suis bien reconnaissant de tout ce que vous avez fait pour me tirer de l'état où je me trouve. J'ai eu des torts envers vous et de grands torts sans doute, mais ils étaient dans ma tête plutôt que dans mon cœur. Accoutumé à vous voir venir au

magistrats ne jugent au premier coup d'œil qu'elles ont nécessairement été dictées à celui qui a écrit les autres.

Nous nous bornerons à faire ici quelques remarques sur les faits matériellement faux qu'elles énoncent.

1° Lettre du 7 octobre 1820 : « Les 500 francs que vous avez donnés à mon cousin Puzin pour me mettre à même de fabriquer des couvertures sont presque écoulés. » — Il est faux que ces 500 francs

secours de toute notre famille comme une nouvelle providence, il me parut si dur et si affreux de me voir mal accueilli et repoussé par vous sans motifs que ma tête s'exalta et me dicta des démarches que le désespoir de ma position vous fera excuser. Les 500 francs que vous avez donnés à mon cousin Puzin pour me mettre à même de fabriquer des couvertures sont presque écoulés... J'ose espérer encore en vos bontés ; croyez, mon cher oncle, que je m'en rendrai digne, et avec cet argent je pourrai élever ma pauvre fille, qui est maintenant dans un hôpital, etc.

« MICHEL PUZIN. »

Au même. « Paris, 2 janvier 1821.

« Mon cher oncle, je vous ai promis de vous écrire à l'égard des lettres que mon cousin Nicolas Pichat m'a dictées.

« 1° Il m'a remis une lettre pour la faire écrire par Gonnet ; sur la lettre il y a les mots de *poison* et de *poignard*.

« 2° C'est lui qui m'a dicté la lettre que je vous ai écrite lorsque Gonnet fut arrêté.

« 3° C'est encore lui qui m'a dicté la lettre que j'ai écrite à ma tante Gonnet.

« La haine qu'il a contre vous, et profitant de ma malheureuse position, l'a porté à vous écrire les lettres infâmes que je vous ai écrites. Je n'ai jamais eu l'intention d'attenter à vos jours, comme les lettres que je vous ai écrites le portent. Veuillez me continuer vos bontés, je suis plus à plaindre que coupable. MICHEL PUZIN. »

Au même. « Paris, le 22 janvier 1821.

« Je remercie mon oncle des bontés qu'il a eues pour moi jusqu'à ce jour. J'ai reçu votre habit et pantalon, plus 200 francs que vous m'avez remis pour faire mon voyage à Vienne avec ma petite, que j'emmène. Je ne devais pas espérer de vous autant de bontés d'après la conduite que j'ai tenue à votre égard.

« MICHEL PUZIN. »

aient été donnés par Étienne Pichat; ce fait est démenti par un certificat de M. le docteur Puzin, qui est le cousin dont il s'agit (1).

2° Dans une lettre de 1821 il est dit que *Nicolas Pichat doit à Puzin 5,500 francs*, tandis qu'à cette époque le premier avait contre le dernier un jugement de prise de corps pour 915 francs, en date du 4 mai 1821. Nicolas Pichat lui avait prêté ces 915 francs pour soutenir un procès contre M. Lesseps, banquier, qui avait reçu du gouvernement 17,200 fr. en paiement de draps fournis par Puzin, et qui eût été infailliblement condamné à lui payer cette somme si Étienne Pichat, abusant de la détresse de Puzin, ne l'eût déterminé à transiger pour 1,200 francs et une caisse de vin de Bordeaux. Or, là-dessus Puzin n'eut que 200 fr. Étienne Pichat s'appropria tout le reste, *en compensation*, disait-il, *des sacrifices qu'il avait faits et qu'il aurait encore à faire pour Puzin.*

Ces faussetés matérielles, jointes aux remarques que nous avons faites sur la différence de style et d'orthographe et à l'incompatibilité du contenu de ces lettres avec ce que Michel Puzin écrivait dans le même temps à Nicolas Pichat, font crouler tout l'édifice que nos adversaires ont voulu bâtir sur ce fondement. On voit clairement que Michel Puzin, ne sachant pas supporter avec dignité sa mauvaise fortune, consentait, pour obtenir de son oncle quelques minimes secours, à flatter sa déplorable monomanie et à devenir l'instrument des artifices de son entourage, en imputant à Nicolas Pichat des complots imaginaires : personnage ignoble sans doute, mais mille fois moins ignoble encore que ceux qui stipendiaient ses calomnies !

(1) « Je soussigné, docteur de la faculté de médecine de Paris, chirurgien-major de la garde nationale parisienne à cheval, membre de la Légion d'honneur, certifie et déclare que je suis prêt à affirmer sous serment devant la justice que jamais M. Pichat, qui était propriétaire de la Rotonde du Temple, ne m'a donné une somme de *cinq cents francs* pour Michel Puzin, son neveu, ni aucune somme tant pour ce neveu que pour d'autres, malgré mes sollicitations réitérées.

« Je suis parent éloigné des MM. Puzin et tout à fait désintéressé dans le procès pendant à la première chambre entre eux et le légataire particulier de leur oncle Pichat. Paris, le 5 février 1840.   PUZIN. »

(Légalisé par M. le maire du 1er arrondissement.)

Reprenons notre récit. Le 9 septembre 1832, un émissaire d'Étienne Pichat vient demander à Mme Pichat son adhésion afin qu'il puisse, d'après la loi, adopter Léon Laurent. Pour la déterminer à cet acte de complaisance, les promesses les plus flatteuses lui sont prodiguées. Madame Pichat répond *qu'elle signera tout ce qu'on voudra, pourvu qu'il n'y ait rien qui l'engage à venir jamais cohabiter avec un pareil époux.* Quelque temps après, cette dame a besoin de la signature de son mari pour un acte relatif à l'acquisition qu'elle avait faite d'une maison; Étienne Pichat refuse obstinément cette signature, et elle se voit obligée de mettre cette acquisition sur la tête d'un oncle; ce qui plus tard la met dans le cas de payer une seconde fois le droit d'enregistrement, lorsque, devenue veuve, elle veut être titulaire de sa propriété.

En 1833, deux petits-neveux d'Étienne Pichat, dont l'un était son filleul, se présentent à la Rotonde, où ils sont reçus en son absence. Mais Étienne Pichat rentre bientôt, accompagné de Dupré, qui, apprenant l'admission de deux parens de son patron, s'écrie : « Monsieur, je ne réponds plus de vos jours ! » Étienne Pichat s'empresse de mettre ses petits-neveux à la porte, et depuis lors jamais aucun de ses parens n'a pu parvenir jusqu'à lui.

La même année, le sieur Chauvet, gendre de Nicolas Pichat, en conduisant sa femme dans sa famille en Provence, avait passé quelques jours à Vienne chez M. et madame Blanc. L'année suivante, celle-ci, profitant de l'offre que les époux Chauvet lui avaient faite de la recevoir à Paris, écrit à son oncle qu'elle va s'y rendre avec sa fille, et qu'elle espère bien, pendant son séjour, pouvoir la lui présenter. Étienne Pichat voit dans ce voyage une nouvelle conspiration, et il devance d'un mois son départ accoutumé pour les eaux. Madame Blanc ne trouve à la Rotonde que le factotum Dupré, qui, selon l'usage, dénaturant les questions les plus simples, les présente à Étienne Pichat comme une inquisition suspecte. Aussi, après avoir témoigné à sa nièce son bizarre mécontentement d'une démarche si naturelle, celui-ci écrit-il, en janvier 1835, à l'ancien notaire Deplace, que « la branche aînée de la famille Pichat, après avoir tout mis en usage pour s'emparer de sa succession, semble avoir changé de manœuvres et agir par l'intermédiaire d'une dame Blanc. Il faut donc se mettre en garde de ce côté et considérer comme faux et controuvé tout écrit qui pourrait être produit par la dame Blanc à son profit et à celui de sa fille. » Étranges conséquences d'une visite de devoir et d'affection faite par une nièce à son oncle.

Mais, le croira-t-on? le voyage de madame Blanc fait renouveler à Étienne Pichat l'extravagance que lui avait déjà suggérée celui de MM. Pichat de Gray : il adresse une nouvelle plainte au procureur du roi, dans laquelle il déclare avoir appris que « ses parens de Vienne doivent venir à Paris pour l'assassiner et introduire ensuite un faux testament dans son domicile, etc. » La copie de cette pièce, écrite par Étienne Pichat, a été vue primitivement dans le dossier de nos adversaires, qui depuis l'ont retirée, sans doute parce qu'elle prouvait trop bien la monomanie d'Étienne Pichat; mais M. Rivolet, avocat, qui l'a lue et qui l'a montrée, dans la bibliothèque des avocats, à un petit-neveu d'Étienne Pichat, attestera le fait. Du reste, M. le procureur du roi, en ne donnant aucune suite à cette plainte, a bien montré qu'il connaissait lui-même l'état moral d'Étienne Pichat.

En 1835, autre incartade. Au commencement de juin, Étienne Pichat était parti de Paris avec le colonel Rosier, qui par extraordinaire était son ami et son commensal depuis dix ans; mais dans ce voyage survient la rupture obligée. Le monomane prétend *qu'il fera beau*, le colonel soutient *qu'il pleuvra;* il n'en faut pas davantage pour amener une brouille complète, brouille suivie d'une attaque de goutte qui retint le colonel à Nancy plusieurs semaines.

Pendant ce séjour forcé, un incident vient raviver les terreurs paniques toujours présentes à la pensée d'Étienne Pichat. Il apprend un jour que dans le même hôtel que lui est logé un jeune homme du nom de Pichat, voyageant pour la maison de commerce Joannon frères, de Gray : c'était le fils de Charles Pichat, courtier de commerce dans cette ville. Aux noms réunis de Pichat et de Joannon, plus de doute dans l'esprit d'Étienne, la conspiration va éclater à Nancy; il part sur-le-champ pour Bade et laisse-là le colonel, qui après sa guérison revient à Paris. La folle peur de ce complot se révèle par deux nouvelles lettres anonymes écrites à Charles Pichat, à Gray, et mises à la poste de Nancy, l'une à la date du 7 septembre 1835, l'autre à celle du 21 du même mois. Les voici :

Première lettre. — « Comme ancienne connaissance, je dois vous avertir qu'un monsieur de Paris, maintenant à Nancy, a été informé que votre neveu Jules était arrivé depuis quelque temps dans notre ville avec des projets auxquels je ne puis croire..... Les informations ont motivé de la part de ce monsieur des plaintes qui pourraient compromettre ce jeune homme et d'autres personnes. Je vous avertis que la police fait des recherches..... Brûlez ma lettre.

« Nancy, le 6 septembre 1835. »

Seconde lettre. — « De nouvelles informations ont amené de nouveaux renseignemens. On sait que votre fils, l'étudiant en médecine, a déclaré qu'il pénétrerait jusque dans les salons du monsieur de Paris et qu'il le forcerait bien à le reconnaître, ou sinon... Faites-en votre profit. Je dois faire un voyage à Dijon l'an prochain, et vous verrai en passant. »

Ces lettres étant toutes deux de la main de Dupré, qui n'avait pas quitté Paris, il est évident qu'Étienne Pichat se les est fait envoyer et les a fait mettre à la poste de Nancy, à son retour de Bade. Or, nous le demandons, de pareils moyens employés à l'égard de parens qui, jouissant loin de Paris d'une situation aisée et honorable, ne pouvaient certes donner le moindre ombrage à un homme de sens, ne prouvent-ils pas évidemment et la monomanie du personnage et les perfides machinations de ceux qui l'entouraient !

Marius Pichat, fils de Michel, l'auteur de *Léonidas*, avait été placé au collége d'Orléans, où les amis de son père avaient obtenu pour lui une demi-bourse. « Étienne Pichat, disent nos adversaires, s'empressa de payer la somme nécessaire pour que l'enfant pût profiter de cet avantage. Au mois de mai 1835, *l'éducation de Marius étant terminée, il entre au service dans la marine* et reçoit des deniers de son oncle la somme nécessaire pour se rendre à Toulon, lieu désigné pour son embarquement. Voilà le roman; voici l'histoire :

En 1835, la veuve Pichat, livrée à ses propres ressources, ne pouvant continuer le paiement de la demi-bourse de son fils, force lui fut de le retirer du collége d'Orléans; il était alors en cinquième. Au retour de Marius à Paris, un noble pair voulut bien faire une démarche auprès de l'oncle de la Rotonde, afin d'obtenir pour la mère quelques secours qui la missent à même de faire apprendre un état à cet enfant, qui était à la fois le petit-neveu et le filleul d'Étienne Pichat. Mais l'oncle se retrancha dans la réponse que ce neveu *n'était pas oublié dans son testament*, et sa mère se vit obligée de solliciter pour son fils une place à *l'école des mousses;* alors Étienne Pichat fit en effet un léger sacrifice pour faciliter *l'entrée de son petit-neveu dans la marine*, et moyennant 80 francs il envoya Dupré payer pour lui au bureau des diligences une place d'impériale. Cette somme et deux ou trois secours de 15 francs par mois, tels sont les bienfaits prodigués par Étienne Pichat à son petit-neveu et filleul, qui est mort, le 11 décembre 1836, à l'hôpital de Marseille (1). Nous opposera-t-on les lettres de remerciement de la mère? Mais on sait que c'est là un tribut qu'imposent souvent les moindres services et qu'en pareille matière le besoin est prodigue, parce qu'il mesure ses expressions à ce qu'il espère, et non à ce qu'il obtient.

Étienne Pichat n'ignorait pas la mort de Marius. Comment se fait-il

(1) « L'an 1836 et le 11 décembre, à deux heures du soir, acte de décès de Marius PICHAT, décédé hier, à dix heures du soir, dans l'Hôtel-Dieu de cette ville, journalier, âgé de seize ans, né à Paris (Seine), demeurant à Marseille, rue Paradis, n° 20, fils de feu Michel Pichat et de Pauline-Scholastique Maillard, sur la déclaration faite par André Bremond, âgé de cinquante-trois ans, et par Antoine Richaud, âgé de cinquante ans, servans audit Hôtel-Dieu, y domiciliés et y demeurant, qui ont dit ne savoir signer. Constaté, d'après la loi, par nous Erasme Castinel, adjoint à la mairie, délégué aux fonctions d'officier de l'état civil, et lecture faite aux déclarans, avons signé.　　　　　　EDME CASTINEL.

« Visé par M. le président du tribunal civil.　　　　RÉGUIS. »

qu'en janvier 1837, dans un nouveau codicille, et en novembre de la même année, dans son testament d'adoption, il ait laissé subsister le legs précédemment fait en sa faveur? N'était-il pas plus naturel de le transmettre au frère de cet enfant? C'est encore là un trait de cette monomanie qui affecte la générosité sans rien vouloir donner en effet.

Mais ici nos adversaires nous arrêtent. En 1836, Étienne Pichat a bien réellement donné à quelques-uns de ses parens une somme de 7,000 francs. Plusieurs remarques sont nécessaires pour apprécier ce cadeau.

1° Étienne Pichat connaissait à peine une des quatre personnes de sa famille à qui les 7,000 francs en question ont été distribués, et ces personnes n'avaient alors aucunement provoqué sa générosité. Il y avait donc quelque bizarrerie dans l'envoi de ces secours.

2° Au lieu d'adresser individuellement à chaque personne la somme qui lui est destinée, ainsi que l'exigeait la délicatesse la plus vulgaire, Étienne Pichat envoie fastueusement la somme entière à son neveu Mathieu et le charge de la distribuer, l'instituant ainsi son grand aumônier. Or ici plusieurs motifs : faire parade de sa générosité aux yeux de ses compatriotes; mystifier par la même occasion son neveu Mathieu, qui, distributeur d'une somme considérable, se trouve exclu du partage : c'est le chien qui porte au cou le dîner de son maître, et de plus, faire pièce à madame Blanc, à qui il ne peut pardonner la grande conspiration qu'elle a dirigée pendant son voyage à Paris; elle se verra frustrée des libéralités répandues sur quelques membres de la famille, et le bon oncle sera en partie vengé.

3° Enfin, de la part des alentours et des conseils d'Étienne Pichat il y a ici mesure prise d'avance pour pouvoir soutenir après sa mort qu'il a comblé sa famille de bienfaits. C'est une pièce préparée pour le procès, quoi qu'on en dise, et pendant dix ans qu'a-t-on fait autre chose que de forger des armes contre la famille du testateur?

Veut-on du reste apprécier avec certitude la valeur morale de ce cadeau? Le trait suivant va nous en fournir la mesure. L'un des parens gratifiés en 1836, Jean Pichat, fils de Michel Pichat cadet, qui sur les 7,000 francs en a reçu 2,000, était venu à Paris en 1832, infirme et malheureux, solliciter de son oncle quelques secours pour se faire guérir d'un dangereux mal de jambes. Étienne Pichat lui répondit laconiquement que *s'il était malade, il pouvait aller à l'hôpital,* et il le consigna à sa porte. Cet infortuné, ne pouvant plus voir son oncle, prit le parti de lui écrire pour obtenir de lui une somme de 50 francs qui le mit à même de retourner à Vienne; il n'obtint pas même de réponse. Jean Pichat s'adressa alors à Nicolas Pichat, son cousin, qui ne l'avait jamais vu et qui fit à l'instant ce léger sacrifice.

Le 16 juin 1837, Étienne Pichat, se rendant aux eaux de Vichy, à son passage à Moulins, rencontre à l'hôtel de la poste un de ses neveux de la branche aînée, François Pichat, qui ne l'avait pas vu depuis 1814. Celui-ci s'empresse naturellement d'aller présenter ses respects à son oncle. Étienne Pichat feint d'abord de ne pas le reconnaître, et pour échapper à la conjuration toujours présente à son esprit, il commande à l'instant les chevaux, dit qu'il part sur-le-champ pour Lyon, lorsqu'il prend la route de Vichy.

La même année, un courrier venu de Lyon lui apporte une boîte de dragées envoyée par sa petite-nièce, fille de Michel Puzin, qui venait de se marier dans cette ville. Étienne Pichat voit dans ce cadeau une machine infernale, ou tout au moins un mets empoisonné; il exige que le porteur ouvre la boîte et mange des dragées en sa présence; encore assure-t-on qu'il n'a pas osé en manger lui-même.

Le 25 décembre 1837, nouveau cadeau de la même personne, à l'occasion de la Saint-Étienne. C'est cette fois un vase doré garni de fleurs. Après mûre délibération, le cadeau est reçu; mais il est presque aussitôt envoyé à Mme Delannoise, marraine de Léon Laurent, pour ses étrennes: heureux moyen de concilier la prudence avec l'économie!

Il est à noter qu'Étienne Pichat, à la fin de sa carrière, était devenu d'une avarice vraiment folle. L'avarice est une autre espèce de peur. Ne

mangeant jamais à table d'hôte quand il était aux eaux, de crainte d'ê-
tre empoisonné, il donnait deux francs par jour à sa cuisinière pour la
provision de la journée, et lorsqu'il était à Paris, il prétendait qu'avec
un franc elle nourrît trois domestiques.

Nous pourrions citer ici beaucoup d'autres faits; mais ceux que nous
venons de rappeler suffisent pour porter jusqu'à l'évidence la haine
maniaque d'Étienne Pichat envers ses parens et les influences fallacieu-
ses sous lesquelles il a vécu. Ces faits seraient bien plus nombreux encore si les scellés, régulièrement apposés chez lui après sa mort, sur-
venue le 20 avril 1838, avaient été levés en présence des héritiers légitimes; car, on n'en peut douter, les papiers et la correspondance d'Étienne
Pichat leur auraient fourni bien des particularités caractéristiques
à ajouter à celles que contiennent déjà les renseignemens qu'ils ont re-
cueillis et les pièces mêmes qui leur ont été signifiées; l'on eût dû notamment y trouver la preuve qu'eux seuls ne recevaient pas des lettres
anonymes; qu'Étienne Pichat, lorsqu'il hésitait devant certaines obses-
sions, était aussi l'objet de ces mystérieuses menaces, et la comparai-
son des écritures eût porté la lumière sur bien des machinations (1);
au lieu de cela les papiers d'Étienne Pichat sont restés à la disposition
exclusive de nos adversaires. Après les scellés mis, l'argent et les valeurs,
montant à environ 260,000 francs, ont été enlevés le jour même par
le notaire Godot, chose assez singulière! Et plus tard, lorsqu'à la levée
des scellés, Nicolas Pichat s'est présenté accompagné de Me Duprat, son
avoué, nos adversaires se sont opposés à ce qu'il assistât à cette opération,

(1) Après la mort d'Étienne Pichat, les lettres anonymes ont continué. Plusieurs
de ces lettres, pleines de menaces en style de mélodrame, ont été envoyées, nous
dit-on, au mineur Léon Laurent et à d'autres personnes, et sur la dénonciation de
nos adversaires, une information judiciaire a été dirigée contre deux membres de
la famille Pichat, qui n'ont pas eu de peine à prouver leur innocence. Or on sait
que l'habitude d'écrire des lettres anonymes est inhérente à certaines gens. Celles-ci
ne sortiraient-elles pas de la même fabrique que celles qu'ont reçues dans le temps
MM. Pichat (de Gray)? Puisqu'elles assignaient des rendez-vous, pourquoi nos adversaires ne se sont-ils pas mis en mesure de prendre comme dans un piége les
misérables qui les avaient tracées ?

disant avec ironie : « Nous sommes légataire universel et enfant adoptif; les collatéraux n'ont pas droit d'être présens à la levée des scellés. » Nicolas Pichat, en se retirant, a fait tout haut la réflexion qu'avec une jurisprudence pareille les intéressés étaient les maîtres de retrancher et d'ajouter tout ce qu'ils voulaient aux papiers du défunt.

Or, après avoir exposé les preuves nombreuses de la haine et des soupçons affreux qu'Étienne Pichat nourrissait à l'égard de toute sa famille, examinons en peu de mots si cette haine et ces soupçons ont jamais été justifiés par aucun fait. Nous avons vu Jean et Michel Pichat sauver la vie à leur frère lorsqu'il était poursuivi par la faction royaliste; nous avons vu Jean Pichat accourir à Paris pour le tirer de prison en 1803. Sont-ce là, nous le demandons, les motifs de la haine qu'il avait vouée aux enfans de ces deux frères?

Mais le repas de Versailles? mais le guet-apens de Gonnet? mais les tentatives de Michel Puzin?

Le repas de Versailles! Eh quoi! un parent avec lequel vous êtes dans les meilleurs termes vous invite à faire chez lui une partie de campagne; il réunit à cette occasion nombreuse et honorable compagnie, et parce qu'une indisposition, qu'expliquent vingt circonstances réunies, a été la suite de cette partie de plaisir, vous l'accuserez aussitôt d'avoir voulu vous empoisonner! et comme l'empoisonnement à lui tout seul est inadmissible, vous joindrez à cette imputation celle d'avoir fabriqué un faux testament! le tout sans aucun indice qui supporte l'examen! et vous ne serez pas réputé fou! Mais il aurait fallu que Nicolas Pichat fût lui-même, non-seulement le plus scélérat, mais encore le plus fou de tous les hommes, pour ne pas voir qu'en cas de succès ce double crime allait lui mettre sur les bras une nuée de collatéraux accusateurs, qui certes n'auraient pas eu grand'peine à prouver et le faux et l'empoisonnement, puisque ce dernier crime eût été commis chez Nicolas Pichat devant dix personnes, dont faisaient partie deux nièces intéressées à le dévoiler. En vérité, l'on rougit de combattre de pareilles suppositions, et l'on ose à peine ajouter, pour complément de démonstration, que les honorables convives que Nicolas Pichat avait réunis à ce dîner, notamment les généraux Jacquemard et Janet, n'ont jamais cessé jusqu'à leur mort de l'entourer de leur affection et de leur estime; que tous, en un mot, ont trouvé aux soupçons d'Étienne Pichat la même solution que le général Jacquemard : CHARENTON !

Quant aux apparitions de Nicolas Pichat, déguisé en charretier, autour de la Rotonde, et aux suggestions qu'on lui impute envers Gonnet et Puzin, il y a dans les unes, soit vision enfantée par la peur, soit folle crédulité à de faux rapports; dans les autres, lâches calomnies imposées à de pauvres diables que leur fâcheuse position forçait à payer les moindres bienfaits par de blâmables complaisances. Du reste, Nicolas Pichat défie ses adversaires de prouver à son égard un fait, un seul fait qui ait pu offrir un motif ou seulement un prétexte au mécontentement de son oncle.

Le guet-apens de Gonnet ! Eh quoi ! Gonnet écrit à son oncle pour lui annoncer sa visite à Belleville; il se présente au moment indiqué, sans armes, sans un seul bâton; Étienne Pichat est entouré de ses parens, de domestiques, d'ouvriers, de gendarmes; Gonnet, retenu à la porte, est battu, incarcéré, et cela s'appelle le guet-apens de Gonnet ! Mais s'il y a eu guet-apens, c'est de la part d'Étienne Pichat, qui dans sa terreur insensée a tendu un piége à Gonnet pour le contraindre à s'expatrier.

Les tentatives de Michel Puzin ! Michel Puzin, après avoir connu l'aisance, était tombé dans le dénûment. Dépourvu d'instruction et de capacité, il était hors d'état de rétablir sa fortune. Il a pu jouer auprès de son oncle le rôle d'un solliciteur importun ; mais pour de mauvais desseins, il était incapable d'en avoir, et ses torts, ses véritables torts furent tous envers Nicolas Pichat, qu'il obsédait plus que son oncle Étienne de demandes incessantes, qui fit pour lui des sacrifices plus réels, et qu'il allait ensuite, pour flatter la monomanie de cet oncle, accuser auprès de lui de projets aussi infâmes que chimériques. Mais, nous le répétons, ces lettres dans lesquelles Puzin fait l'aveu de ces pro-

jets, celle dont il envoie copie à son oncle et qu'il prétend avoir adressée à Nicolas Pichat, qui certes ne l'a pas reçue, tous ces écrits ne sont
pas l'œuvre de Michel Puzin : le style et l'orthographe en font foi ; ces
écrits sont l'œuvre d'Étienne Pichat et de ses alentours, et Puzin a eu
seulement l'insigne faiblesse de les transcrire et de les signer. Au contraire, quand il a exprimé librement sa pensée, comme dans sa lettre
écrite après sa comparution devant le procureur du roi, il a dit à son
oncle « qu'il était fou et que, s'il ne devait mourir que de la
main de l'un de ses neveux, il avait encore bien longtemps à
vivre. »

Les autres membres de la famille qu'Étienne Pichat a poursuivis de
ses soupçons, tels que MM. Pichat (de Gray) et madame Blanc (de
Vienne, n'ont jamais donné l'ombre d'un motif à ses suppositions injurieuses.

Or l'homme qui, sans autre raison que ses sombres préoccupations,
repousse avec effroi tous ses parens, fermant avec terreur sa porte à
ceux qui viennent lui parler de leur affection, éconduisant ceux qu'il
avait lui-même appelés avec instance, poursuivant les uns de propos
outrageans, harcelant les autres de lettres anonymes, passant sa vie entre trois fantômes, faux testament, assassinat et empoisonnement, cet
homme peut-il être réputé avoir été sain d'esprit ?

Mais ici nos adversaires nous arrêtent : Accuser de monomanie un
homme qui dans l'acquisition de sa fortune, dans l'administration de
ses propriétés, a fait preuve de tant d'ordre, d'intelligence et de jugement ! en vérité, la prétention est absurde et inadmissible.

Nous pourrions dire que la fortune d'Étienne Pichat a été l'œuvre
du hasard plus que de la sagacité ; qu'une fois acquise, son administration, qui ne consistait guère que dans la perception des loyers de ses
immeubles, n'exigeait pas de grands efforts d'intelligence et qu'elle
était d'ailleurs confiée à un régisseur. Mais nous n'avons aucune envie
de chicaner, et nous concédons volontiers qu'Étienne Pichat était un
homme fort intelligent pour tout ce qui se rapportait à ses intérêts ;

nous irons même plus loin, et nous déclarerons qu'il n'était pas de ces hommes qui, uniquement accessibles aux intérêts matériels, sont tout à fait sourds aux inspirations de la conscience. Non, Étienne Pichat pressentait dès l'abord ce que le devoir, les convenances, les bons procédés réclamaient, et son premier mouvement était souvent louable ; mais c'est bien de lui qu'on pouvait dire qu'*il y avait en lui deux hommes* ; ce premier mouvement passé, un retour malheureux s'opérait dans son esprit, et les passions égoïstes, l'avarice, la peur, le soumettaient exclusivement à leur empire. Ainsi, dans l'affaire des jeunes gens de Givors il promet sur-le-champ les passeports demandés, et il avait sans doute l'intention de les donner ; mais, la réflexion venue, il tremble de se compromettre envers le gouvernement de l'époque, et la frayeur lui arrache une résolution fatale. Ainsi, dans l'affaire Baudouin il sent dès l'abord qu'il doit un cadeau de noce à la fille d'un frère qui l'a sauvé deux fois, et, bien qu'il ne soit pas en fonds, il s'engage de son propre mouvement à donner une somme de 6,000 francs. Mais la réflexion amène bientôt les regrets, et ce qu'il avait donné lorsqu'il était encore dans une sorte de gêne, devenu opulent, il le revendique. Les mêmes ressorts déterminent sa conduite dans l'affaire Camille et Mariette, et nous pourrions multiplier à l'infini les applications de cette remarque. Or dans cette âme, à la fois intelligente du devoir et trop faible pour l'accomplir, le remords et la peur durent faire de bien grands ravages. C'était surtout un poids bien lourd pour une conscience éclairée comme la sienne que la fin tragique de ces trois malheureux jeunes gens amis de sa famille, poids encore aggravé par le péril imminent où Étienne Pichat se trouva placé sous les poignards de la faction royaliste, par le rigoureux emprisonnement que lui firent subir à Paris les passions politiques d'un magistrat, enfin par la réprobation dont les actes révolutionnaires furent frappés sous l'influence du retour des Bourbons. De là sans doute ce penchant à tout craindre, à tout soupçonner, ce prompt mécontentement d'autrui qui trahissait en lui le mécontentement de soi-même. Malgré ces causes cependant, tant qu'Étienne Pichat vécut en bonne intelligence avec Nicolas, son neveu, sa raison, à quelques lubies près, se maintint ferme et lucide ; le neveu défendait l'oncle contre les aberrations de l'égoïsme et de la peur. Mais lorsque,

dans un jour néfaste, un soupçon aussi extravagant, aussi monstrueux
que celui du faux testament et de l'empoisonnement par ce neveu eut
trouvé accès dans son esprit, tous les fantômes, toutes les hallucinations
du visionnaire y firent irruption en même temps. Il savait que son neveu
avait conservé des rapports d'affaires et d'amitié avec la famille Joannon ; il cherchait d'ailleurs, comme tous les fous, à justifier à ses propres yeux sa folie ; c'en était fait, son esprit avait passé le Rubicon ;
plutôt que d'ouvrir les yeux à la lumière, il n'était point de chimère à
laquelle son imagination ne donnât un corps ; plutôt que de s'avouer
son iniquité, il la poussait jusqu'au délire. Qu'on ajoute à ces dispositions les rapports mensongers de ses alentours, animés du double intérêt
de se faire bien venir en flattant sa manie et de s'emparer après sa mort
de l'administration d'une fortune considérable. Voilà l'explication de
la folie d'Étienne Pichat !

« Mais, disent nos adversaires, d'où vient donc que pendant sa vie
aucune tentative n'a été faite pour obtenir son interdiction ? » — La réponse est facile. Étienne Pichat n'était ni un furieux ni un prodigue ;
sa folie provenait de l'excès des passions contraires ; de son vivant, elle
ne nuisait à personne qu'à lui. D'ailleurs ses Mémoires, ses testamens,
ses codicilles n'étaient pas connus. Si donc, pour les soupçons injurieux
qu'il avait manifestés envers elle, sa famille eût provoqué son interdiction, les magistrats auraient dû prononcer qu'elle n'avait point intérêt
à faire cette demande ; mais lorsque après sa mort des actes de dernière volonté sont produits, qui constatent que le défunt a testé sous
l'empire d'une haine extravagante, sous la préoccupation d'attentats
chimériques imputés à sa famille, c'est pour elle un droit, c'est pour
elle un devoir de réclamer la nullité de ces actes. Leur examen nous
montrera d'ailleurs partout l'empreinte de la passion qui les a dictés.
Remarquons d'abord que dans le testament du 5 septembre 1832, contrairement à l'usage et à l'avis des jurisconsultes les plus célèbres, Merlin,
Bigot-Préameneu, Toullier, Dalloz, Chabrol de Chaméane, etc., Étienne
Pichat, établi à Paris depuis quarante ans, se présente sans témoins
hcez Me Godot ; que les sieurs Rousselot et Dumont, l'un épicier, l'autre
coutelier, tous deux inconnus du testateur et tous deux locataires de
l'ex-notaire Thibault, sont requis par ce dernier. S'il en a été ainsi ,

c'est sans doute que l'entourage d'Étienne Pichat savait bien que deux amis du testateur ne consentiraient jamais à figurer dans un acte qui exhérédait une famille entière au profit d'un enfant étranger, dont la position était entachée d'une suppression d'état, d'une supposition de part, et plus tard d'une fausse déclaration dans l'acte de tutelle officieuse. Mais Étienne Pichat est tellement dominé par la crainte monomaniaque d'un faux testament que, se méfiant de son notaire lui-même, il lui demande sur-le-champ deux expéditions de celui qu'il vient de lui dicter, et plus tard, en 1837, il en demande quatre du testament d'adoption pour prévenir par des dépôts particuliers l'altération des minutes. Les codicilles respirent partout cette crainte aussi folle qu'injurieuse pour sa famille. « Il a, dit-il, pris la précaution de faire recevoir par son notaire ses dernières volontés, *pour que d'abord son identité soit bien constatée*. Il n'a pas le projet de faire ultérieurement d'autres dispositions, et il fait ces déclarations parce qu'il craint que des personnes qui imitent parfaitement son écriture et sa signature n'abusent de leur science perfide pour écrire un faux testament, qu'ils lui attribueraient. » (Codicille du 5 septembre 1832.) Or, qui peut être l'objet de ces suppositions, si ce n'est sa famille? Et sur quoi sont-elles fondées? Sur un papier qu'il a cru apercevoir dans le portefeuille de son neveu, un jour que celui-ci, treize ans auparavant, est venu l'inviter à dîner !

Le 13 septembre 1833, nouveau codicille dans lequel, après avoir fait ses libéralités aux Srs Thibault et Deplace, il déclare que « les dispositions contenues au présent et au testament et codicille sus-énoncés sont les seules auxquelles il s'arrête définitivement; et que toute disposition testamentaire que l'on représenterait comme émanée de lui, autre que celles y contenues, qui sont déposées dans son coffre-fort et chez Me Godot, notaire, seraient l'ouvrage de faussaires, sauf toutefois son précédent testament reçu par Me Deplace, notaire à Noisy-le-Sec, qui se trouve révoqué. » Il avait pris la précaution de révoquer un testament dont tous les légataires étaient morts depuis longtemps.

Le 12 mai 1835, nouveau codicille pour déclarer qu'il persiste dans les dispositions testamentaires qu'il a faites, déposées à Me Godot, notaire à Paris, et dont un double est enfermé dans son coffre-fort; voulant que ces dispositions soient considérées comme les seules émanant de lui, et que toutes autres qui seraient représentées ou trouvées dans son domicile après son décès, autres toutefois que le double qui est dans son coffre-fort, soient considérées comme nulles et comme l'œuvre de faussaires, ainsi qu'il l'a déclaré, soit par écrit, soit par la voie des journaux. » A Nancy, le 24 août 1836, autre codicille absolument dans les mêmes termes. Le 25 janvier 1837, nouveau codicille par lequel, « en cas d'absence des sieurs Thibault et Deplace à l'époque de son décès, il recommande à madame Delannoise de faire apposer les scellés sur toutes les portes et tous les meubles de son habitation, de refuser de la manière la plus absolue l'entrée de sa maison à aucun de ses parens sous quelque prétexte que ce puisse être et de s'inscrire en faux, s'il y a lieu, contre tout prétendu testament ou codicille qui serait présenté comme émanant de lui ou trouvé dans son domicile, attendu que ces actes ne pourraient être que l'œuvre de faussaires qui voudraient s'emparer des biens de sa succession! Et il veut que toutes pièces semblables soient considérées comme étant le résultat du dol, de la fraude et du mensonge . » Ainsi point d'exception, quoiqu'on en dise : la famille entière est réprouvée. Quoi de plus injurieux! mais aussi quelle meilleure preuve de la monomanie dont il était possédé!

Autre objection de nos adversaires : « Qu'importe la haine d'Étienne Pichat pour sa famille? Indépendamment de cette haine, et soit qu'elle fût bien ou mal fondée, c'est son affection pour le mineur qui seule a dicté ses dispositions testamentaires. » — Étienne Pichat pouvait sans doute, aux termes de nos lois, préférer un étranger à des collatéraux; et si, après avoir vécu avec eux en homme raisonnable, il eût par un testament pur et simple légué sa fortune au mineur en question, la famille Pichat n'avait rien à dire et n'aurait rien dit. Mais il n'en a pas été ainsi : outre la déraison qui a présidé à tous les rapports d'Étienne Pichat avec ses parens; outre deux mariages successifs qui prouvent combien il était désireux d'avoir d'autres héritiers que Léon Laurent, le luxe inouï de ses dispositions testamentaires, l'esprit qui anime ces actes, les expressions injurieuses qu'ils renferment, les circonstances qui les ont précédés et accompagnés, les lettres anonymes, les publications dans les journaux, les libelles secrets, et tout l'ensemble enfin de la conduite d'Étienne Pichat, oui, tout dans cette longue connivence de la folie et de la captation, tout prouve que ce n'est pas en faveur de Léon Laurent, que c'est en haine de sa famille et pour se préserver de ses attentats supposés qu'Étienne Pichat a dicté ou tracé ses actes de dernière volonté, tandis que pour ses alentours le mineur n'a été qu'un instrument mis en jeu afin de s'emparer pour longtemps du maniement d'une grande fortune.

Cela posé, la demande en nullité des dispositions testamentaires d'Étienne Pichat est pour sa famille une question d'honneur bien plus qu'une question d'argent. De deux choses l'une : ou tous les actes odieux et criminels que le testateur a imputés à sa famille sont vrais et constans, et cette famille, véritable ramassis de faussaires, d'assassins et d'empoisonneurs, doit être attachée au pilori de l'opinion publique, ou le testateur, en lui imputant ces actes, a fait preuve d'une monomanie aussi haineuse qu'insensée, monomanie soigneusement excitée et entretenue par les manœuvres de son entourage, monomanie qui peut fort bien se concilier avec une conduite intelligente à d'autres égards, mais qui, bien que partielle, ne suffit pas moins pour vicier les dispositions testamentaires qu'elle a inspirées et doit en faire prononcer la nullité.

Or les preuves de cette monomanie fourmillent de toutes parts ; elles abondent surtout dans les pièces que nos adversaires ont mises au jour, le Mémoire de 1825, les lettres anonymes, les *Avis importans au commerce* insérés dans les journaux, la correspondance et les codicilles d'Étienne Pichat. Fondés sur ces preuves, nous demandons dès à présent que la Cour, réformant un jugement erroné dans tous ses motifs, annule les deux testamens et les cinq codicilles que cette monomanie a dictés. Si, contre notre attente, ces preuves ne suffisaient point aux yeux de la Cour pour établir l'aberration d'esprit qui a déterminé la haine du testateur envers sa famille, nous demandons du moins qu'elle ordonne une enquête qui nous donnera les moyens de porter cette démonstration jusqu'à l'évidence.

P. S. Une note additionnelle au Mémoire du sieur Thibault nous met dans la nécesssité d'ajouter ici quelques mots.

1° Dans cette note on oppose au certificat du docteur Bellemain un autre certificat de MM. les docteurs Fleury, Roche et Marjolin, où il serait dit qu'Étienne Pichat a toujours été remarquable par la plénitude de l'exercice de ses facultés, par une sagacité toute particulière, par la rectitude, la clarté peu commune et l'enchaînement logique de ses idées. Mais ces deux certificats pourraient fort bien se concilier. Avons-nous jamais prétendu qu'Étienne Pichat fût dans un état de démence complète? Assurément non, et des médecins qui ne l'ont vu qu'en passant, qui ne sont jamais entrés dans l'examen de ses rapports avec sa famille et des idées qui dirigeaient cette partie de sa conduite, ont fort bien pu attester sa sagacité et l'enchaînement de ses idées, qualités qu'il possédait en effet à certains égards et dont l'abus est la source de ses aberrations; car, une fois le soupçon conçu, cette sagacité donnait un corps aux plus vaines chimères, et cet enchaînement d'idées ne reculait devant aucune conséquence, quelque absurde qu'elle fût. Tout cela, comme on voit, n'infirme en rien le certificat du docteur Bellemain, homme des plus honorables et qui, pour apprécier l'état mental d'Étienne Pichat, a sur ses confrères l'avantage de l'avoir soigné à l'époque critique du dîner de Versailles et d'avoir entretenu avec lui de longs rapports de voisinage et d'intimité.

2° M. Mathieu Pichat, chef d'une des branches de la famille, a refusé avec énergie de s'associer à un procès qu'il blâme sévèrement.

M. Mathieu Pichat n'est autre que M. Mathieu, dont nous avons parlé ci-dessus, lequel n'est pas membre, mais allié de la famille, et s'il n'a pas pris part au procès, ce n'est point faute d'envie, car dans une lettre du 4 octobre 1838, adressée à Nicolas Pichat, tout en convenant d'être venu à Paris recevoir de la succession d'Étienne Pichat une somme de 11,103 francs provenant de l'héritage de Clotilde et d'avoir accepté la délivrance d'un legs de 12,000 francs fait à sa fille, il se défendait d'avoir pris aucun arrangement avec l'exécuteur testamentaire et d'avoir engagé les droits de sa femme et de ses sœurs. Mais en cela il se trompait, et il l'a reconnu depuis : voilà tout.

3° Le sieur Langlois, qui figure parmi les demandeurs, était mort dès 1834.

Cette erreur s'est en effet glissée dans la demande, mais elle n'a d'importance pour personne, et d'ailleurs la femme du sieur Langlois, héritière directe, est au nombre des demandeurs.

4° Nos adversaires allèguent que la veuve de Michel Pichat, le poëte, a été, contrairement à sa volonté, enrôlée dans le procès, et à ce propos ils font de nouveau sonner les libéralités testamentaires d'Étienne Pichat en faveur de Michel et de son fils Marius; libéralités dont le bénéfice n'a pu, disent-ils, s'étendre à un autre fils *né plus tard*. Nous avons déjà réduit à leur juste valeur ces prétendues libéralités; nous avons fait remarquer que Marius était déjà mort et qu'Étienne Pichat le savait, quand par son dernier testament de 1837 il confirmait en sa faveur un legs de 12,000 francs. Mais qu'entendent nos adversaires par cet autre fils *né plus tard*, auquel le bénéfice des testamens n'a pu s'étendre? Espèrent-ils nous faire oublier que Michel Pichat est mort en 1828; que par conséquent son dernier fils, né d'ailleurs plus de quatre ans avant son décès, eût fort bien pu être l'objet de la libéralité de son grand-oncle, si libéralité il y avait eu? Quant à la veuve de Michel Pichat, elle avait si bien *consenti* à figurer parmi les demandeurs qu'elle a fait, soit personnellement, soit par écrit, plusieurs démarches pour le succès de la cause, et qu'elle a remis, dans le même but, à son beau-frère Nicolas Pichat divers documens, notamment l'acte de décès de son fils Marius. Si depuis, changeant de conduite, il lui a convenu de passer dans le camp ennemi, nous en ignorons les motifs, et ne voulons pas les rechercher.

J. FAVRE, *avocat plaidant.*

DUFEU, *avoué.*